やさしい日本語ってなんだろう

岩田一成 Iwata Kazunari

★──ちくまプリマー新書
474

まえがき

「やさしい日本語」は、相手に合わせてわかりやすく伝える日本語のこと。外国人を主な対象としている。例えば、相手にゴミ（特にビンやカン）の捨て方を伝えたいときに「資源ゴミの分別回収にご協力ください」と言って伝わらなかったとする。それなら、「ビンはここに捨ててください（ゴミ箱を指差しながら）」と言い換えてみましょうというもの。話し言葉でも書き言葉でも、わかりやすい言語を使いましょう、という社会運動が各地で進行中だ。２０２１年の都道府県・政令指定都市アンケートによると90％以上が「やさしい日本語」関連の取り組みを主体的に実施している。

筆者はこの「やさしい日本語」推進運動にもう10年以上も関わっている。関連する実用書はすでにたくさん出版され、ノウハウを扱う技術論は広がりつつある。しかし、この推進運動がしっかり達成されたという実感がないのは、さまざまな課題が依然あるからで、それらを一度整理したいなあというのが本書執筆の動機である。

そこで「やさしい日本語」の普及を妨げる原因は何なのか？　というテーマで本書を書き上げた。原因が一つに収束していくような簡単なものではなく、複雑な原因が絡み合っていることは間違いない。執筆姿勢としては、この話題を初めて聞いた人でも読めるように工夫している。社会運動における論点整理を示すことで、「やさしい日本語」に興味を持ってもらえたらうれしいと思う。

一方で、現在、国や自治体、ボランティア団体に所属しながら、「やさしい日本語」の普及活動に取り組んでいる実践家のみなさまも想定している。そういう方がそれぞれの持ち場で現状を整理するために本書を活用していただけたらと願っている。また、これを読んで、「やさしい日本語」普及活動に関わってくださる人がさらに増えたなら、望外の喜びである。

本書には裏テーマもある。外国人とのコミュニケーションを扱う学問（「社会言語学」「日本語教育学」と言うんだけど）に興味を持ってほしいという狙いである。これらの分野は、日本語日本文学、国際コミュニケーションなどを扱う専攻で学ぶことができる。大学の文系学部、特に女子大学では必ずこういう分野が勉強できる。専門的な話は、参考文献に少しだけ解説をつけた。また、外国人が執筆している書籍はたくさん掲載した。当事者の声というやつなので、興味がある人はどうぞ。

筆者は、留学↓バックパッカー↓青年海外協力隊参加↓日本語学校教員を経て現在、大学で日本語教師の養成に携わっている。つきつめると、外国人と関わるのが好きなんだと思う。発想の異なる人の話を聞いて自分の頭が柔らかくなる感じはとても楽しい。これまで外国の人にこちらの言いたいことを伝えるためにはどうすればいいかを、常に考えてきた。こういった背景で本書を執筆している。

困っている人がいるから「やさしい日本語」が必要である、これは正論である。ただ、それだけではないと思う。やさしく話す能力、書く能力は現代に必要な能力の一つである。意図的にその能力を使わないという選択肢はありだとしても。場面に合わせてやさしく情報発信ができる人は、間違いなく社会から高く評価される。池上彰《いけがみあきら》氏のニュース解説がゴールデンで放送されることを見れば明らかであろう。愛される人間はまず、簡潔なもの言いから。「やさしい日本語」は人のためならず。あ、個人の見解です。

目次 ＊ Contents

まえがき……3

第一章 **日本語をやさしく調整する能力**……13
日本語は難しいのか？／日本語＝日本人語仮説／接触場面で外国人と意思疎通をはかる／外国人との意思疎通／やさしく言い換えるための技術論／通訳や翻訳と同様のスキル――仲介活動／日本語教師というお仕事／「やさしい日本語」は誰のため？

第二章 **日本語不通の思い込み、英語必須の思い込み**……33
最初の一歩がうまくいかない／日本語不通の思い込み／在留外国人の日本語能力はどれくらい？／慣れない相手への対応と第三者返答／英語必須の思い込み／英語話者は世界にどれくらいいるのか／とっさの反応が命取り／英語関連産業と英語必須の思い込み／英語ばかりを尊重する学校教育／それでも英語は大事なのだ／コンバージェンスとダイバージェンス／ステレオタイプを越えて

第三章　**やさしさの調整はむずかしい**……53
ルー大柴《おおしば》が顔を出す／タメ口トーク／一文字単位で区切る／子ども扱い／硬い言い回し／尊敬語と謙譲語／言及回避とほのめかし／配慮とわかりやすさはトレードオフ——ポライトネス理論／詳細さとわかりやすさもトレードオフ／質問に対する回答を考える／わかりやすさと相反する心理的な葛藤／メッセージを研ぎ澄ます／失敗から学ぶ

第四章　**台湾で外国人になってみた**……75
筆者が外国人になってみた／ドキドキのワクチン接種／情報発信は母語の方がうまくいく／理想はみんなが多言語の使い手になること——複言語主義／お互いに自分の言語を使うコミュニケーション／台湾生活のスタートは……／心理的状況がコミュニケーションに与える影響／ピンチを切り抜けるための道具／その現場の状況から助けてもらう／伝わりやすさに関わる要因——話し言葉の仲介活動／言語表現以外にも調整可能なものがある

第五章　**書き言葉をわかりやすくするには**……97
読みにくい公用文をわかりやすくする／公用文の四大疾病／伝わる文章――書き言葉の仲介活動／書き言葉における仲介活動の能力／文章の難易度を数値化する――文名詞密度／内容の質――内容がそもそも難しい／読み手の言語能力／解釈を拒否するとき――関連性理論／社会的・制度的なバックアップ／書き言葉の課題

第六章　**日本社会の変容と言語政策**……117
緊急事態のコミュニケーション／第一期（1990年代後半まで）：黎明期《れいめいき》／第二期（2018年まで）：自治体主導期／第三期（2019年以降）：国の始動／災害場面の日本語／やさしい日本語とプレイン・ジャパニーズ／戦争とコミュニケーション／戦後につながる動き／歴史から学ぶべきこと

第七章　**海外でも公用文は読みにくいのだ**……135
公用文はどこの国でも読みにくい／SDGsの成功／アメリカの公務員が使ってしまう難解英語／アメリカの大統領は意識が高い／アメとムチによる公用文改革／ド

イツの取り組み／識字率の低さは認識するかどうかが問題だ／社会的・制度的なバックアップの整備にむけて

第八章 **病院や学校の「やさしい日本語」**……151
役所だけじゃない広がり／病院の日本語の難しさ／外国人対応のポイント／医師の意識／医療現場への普及活動／学校の「やさしい日本語」／教室内のことば／小6社会の教科書が読みにくい／「学校からのお便り」を考える／忙しい日本人の保護者にも喜ばれた／その他の場面――図書館、警察、消防、インバウンド対応

第九章 **道路標識から日本語を考える**……169
ちょっと短めの書き言葉／ひらがなとローマ字／「平和大通り」は「ピースブルバード」か？／長音符号の問題／不愉快サイン／ローマ字と英語の複合／公共サインの根本問題

第十章　まとめ――三つの視点……185
発信者の仲介活動を考える視点／社会や制度を考える視点／様々な場面ごとに課題を考える視点／来るべき多文化共生社会

あとがき……192

参考文献&読書案内……194

第一章　日本語をやさしく調整する能力

日本語は難しいのか？

筆者が担当する日本人学生向けの「日本語の文法」という授業では、「日本語は難しい」というコメントを書いてくる学生が常にいる。外国人日本語学習者が言うならまだしも、日本語母語話者もそういうコメントを口にしがちである。

実は、自分の母語を難しいと考える人が社会にいることは珍しいことではない。筆者は「中国語が世界一難しい」と言う中国人を何人も知っているし、「イタリア語が一番難しい」と言うイタリア人とおしゃべりしたこともある。人は自分の母語を自然に習得してしまうため、その言語構造を説明することができない。

読者のみなさんは、「助詞の「に」と「で」はどう違いますか？」と聞かれてさっと答えられるだろうか。「に」と「で」くらいなら、関連書籍をちょっと読めばすぐわかるのだが、「は」と「が」になるとちょっと手ごわくなる。日本語教師は別として、一般の人は答えに苦しむこともあるだろう。これが、「母語は難しい」ゆえんである。

ところが、日本語の場合は、島国であるという環境も相まってか、日本語や日本文化の特殊性を根拠に、日本語の難しさを主張する人がいる。日本語の特殊性とはなんだろうか。ある特徴が日本語にだけあるとすれば、それは日本語の特殊性と言ってもいいだろう。それなら、日本語の特徴を少し考えてみたい。以下のような点が代表的なものだ。

・語順がSOV型（主語　目的語　動詞）（例）私が｜ごはんを｜食べる
・名詞に助詞がつく（例）私　が｜　ごはん　を｜
・敬語がある（例）食べる→「いただく／めしあがる」に変更できる

戦国時代にイエズス会の宣教師として活躍したジョアン・ロドリゲスも、これらの3点などを日本語の特徴としてあげている（『日本語小文典』）。ロドリゲスは宣教師の意見を各大名に伝えるべく陳情活動をしており、日本語が相当できたと言われている。よって日本語に関する洞察は深い。

だが、言語学者の金田《きんだ》一春彦《いちはるひこ》氏のベストセラー『日本語』によれば、世界の言語を見渡してみると、日本語だけが持っている文法的性質などはないと言う。先に述べた語順、助詞、敬語などの特徴は、世界の多くの言語と共有するような普遍的なものである。特に語順に関しては、さまざまな調査からＳＯＶがＳＶＯよりも多いことがわかっている（言語学者の角田太作氏の書籍などは参考になる）。つまり、日本語の語順はありふれたものなのだ。それをもって日本語が難しいとは言えない。

日本語＝日本人語仮説

文法的には日本語の特殊性はないことを紹介した。漢字や音訓読みなど文字に関する特殊性は一旦横に置いておこう。ここでは音声言語としての日本語を想定する。文法的な特殊性はないのだが、日本語には特殊な点もあるという。

金田一氏が強調するのは、日本語ほど国籍と使用者が一致する言語は珍しいのではないか、という点である。つまり、「日本語＝日本国の言語＝日本人」の構図が成立するというのだ。日本語は日本国内でどこでも通じる一方、海外では通じない。これは特殊な状況であるということを、金田一氏は様々な文献をひきながら論じている。

確かに日本国外で日本語が広く通じる国はない一方で、日本国内ではどこでもだいたい日本語が通じる。「大泉町（ブラジル人集住地域）はポルトガル語があふれているぞ」とか、「ハワイは日本語が通じるぞ」などという反論もあるだろうが、あくまで他の言語と比べたうえでの議論である。多くの言語はこんなに国境と話者が一致しないというのが趣旨である。ここで表明されている国境と日本国籍と日本語使用者が一致するという考え方を本書では「日本語＝日本人語仮説」と呼びたい。

日本語＝日本人語仮説は、日本人は均質であるという発想と結びつきやすい。国内には日本語を話す同質の人間がいて、国外には日本人とは異質な人間がいるという考えである。

確かに、アイヌや琉球《りゅうきゅう》、在日の多様性を認めたうえでも、相対的に見て日本人が均質であるという点は多くの識者が指摘しているところである。商慣行における日本人の同質性を指摘する外国のビジネスマンも多い。また、ガッツポーズをした外国人力士が批判されたり、刺青《いれずみ》の外国人観光客がお風呂から素っ裸で追い出されたりというニュースに触れるたびに、我々の社会に存在する暗黙のルールを考えることになる。そして、我々と彼らを線引きするラインが浮き彫りになる。

ちょっと変わった職業人に登場いただこう。吉本興業《よしもとこうぎょう》のオーストラリア人漫才師チャド・マレーンさんは、お笑いの一ジャンル「あるあるネタ」が存在するのは、聞き手が同質であるからだと指摘している。「あるあるネタ」とは、聴衆の共通経験としてよくある話をとっかかりに笑いにつなげるもので、「そういうこと、あるある！」と思わせないと話が進まない。ちなみに、海外では笑わせる相手の人種や社会階層ごとにネタが違うとも述べている。アメリカでは黒人やユダヤ人といった対象ごとに笑いを提供する形の人もいるとのこと。ターゲットが細分化されているのだ。

金田一氏の指摘からもう30年以上も経《た》つ。時代は変わったとも言える。ただ、多くの日本人は、生まれてから死ぬまで、日本語母語話者以外と話す機会は非常に少ない。なぜなら、日本における在住外国人の割合は、総人口の2％程度だからである。しかもその多くは、「在日コリアン」と言われる日本語ぺらぺらのアジア人である。なので、外国人と触れ合う場面はこれまで非常に少なかった。日本語＝日本人語仮説はまだまだ健在なのではないだろうか。

接触場面で外国人と意思疎通をはかる

右の見出しに聞き慣れない専門用語があると感じた方はおられるであろう。「接触場面」とは、ある言語の母語話者と非母語話者がコミュニケーションをとる場面のことである。

「やさしい日本語」を扱う書籍なんだから、専門用語なんか使うなよ！　と思われるかもしれない。ただ、この書籍のテーマは当面、接触場面を扱うんだから仕方がない。今後何回も出てくることになるので、そのたびに、「ある言語の母語話者と非母語話者がコミュニケーションをとる場面」などと言っていては、長すぎてリズムが狂う。そんなこんなでご容赦願いたい。ちなみに、専門用語はそれ自体が文章を難解にするわけではなく、適切な解説があれば問題はない。

接触場面の研究では、非母語話者に注目したものと、母語話者に注目したものがある。接触場面で非母語話者は限られた言語能力を用いて意思を伝えることになる。一方の母語話者は、接触場面で相手にわかりやすく言語を用いることになり、これが「やさしい日本語」となる。専門的には「フォリナートーク」と言う。フォリナートークは早くから研究の対象となってきた。

なお、多くの研究では、母語話者が接触場面を経験することによってコミュニケーションが変容するとされている。基本的にはわかりやすい方向に変化していく。後に述べるが、そのわかりやすい伝達方法を身につけた職業集団が日本語教師である。

本章では接触場面で何が起こっているのかを考えたい。1990年以降、南米などから日系人の来日が可能になり、同時期に技能実習制度も拡大し、日本社会は少しずつ外国人を受け入れる方向に変わってきた。そしてコロナが明けた日本社会は、本格的に外国人受け入れ政策が開始されたこともあり、社会がどんどん変容していくことになる（第六章）。まさに、これから変わりゆく日本社会において接触場面は増加していくことであろう。

外国人との意思疎通

ちょっと以下の場面を想像してほしい。あなたが乗り合わせた電車で、駅員さんが乗客に話しかけている。

失礼ですが、乗車券を拝見いたします。

乗客はどうやら外国人らしい。身につけている物を見ると台湾の人っぽい。何をしていいかわからず対応にとまどっている様子だ。あなたはどうやって助けに入るべきだろうか？

切符はありますか？（自分の切符か電子マネーのカードを見せながら）

まずは、このように言い換えてみよう。「やさしい日本語」というのはこんなイメージで理解してほしい。言うならば、普通に日本語で話しかけて伝わらなかったときに、日本語で別の選択肢を出しませんか？　という社会運動である。
目の前に外国人がいる場合、コミュニケーションの選択肢はいくつか存在する。台湾の人が相手ならこんな選択肢となる。

①英語
②中国語
③台湾語
④日本語

「外国人だからまずは英語かな」と思った方もおられよう。中国語や台湾語で助けに入れたらかっこいいのだが、それができる人は少数派である。実はこの状況なら、日本語が一番通じる可能性が高い（第二章参照）。まず日本語で行きましょう、という提案が「やさしい日本語」である。

在住外国人でも観光客でもアジアの人は多くが日本語を学習している。案ずるより産むがやすしで飛び込んでほしい。なお、「台湾」と一言で言っても、原住民と呼ばれる少数言語話者や客家語《はっかご》（中国語の方言）話者も一定数おられる。また、漢字圏の人には筆談をするという選択肢もあるので、コミュニケーションの方法はたくさんある。

「やさしい日本語」は、マインドが重要である。困っている人を見かけたときに、とりあえず助けに入ってみる。そして落ち着いた態度で相手と対峙《たいじ》する。慌てずに相手の状況を確認する。こういったマインドを持つには、「日本語でいいんですよ」という呼びかけが大事だと考えている。実際に外国人から見ても落ち着いた様子の日本人が助けてくれると安心する（第四章参照）。スマホに翻訳ツールを入れておいて、いつでも相手の母語に変換できるようにしておくとなおさら安心して話しかけられるだろう。

やさしく言い換えるための技術論

少しだけ小技を紹介したい。一つ目は、漢語は和語に変えるというもの。「切符はありますか？」を少し解説すると、乗車券という漢語を和語起源の「切符」に置き換えている。「飲酒の習慣がありますか」を「いつもお酒を飲みます」に変えるとわかりやすくなる。このように漢語を和語に変換するとわかりやすくなる。

漢語は同音異義語が非常に多い。例えば乗車券の「ジョウ」をパソコンやスマホで漢字変換してみるとたくさんの候補が現れる。我々はそれらの変換を日々頭の中で行いながらコミュニケーションを取っている。文字化してビジュアルをイメージしながら意思疎通を図るのである。日本語はテレビ型の言語だなどと言われるゆえんである。

二つ目は、尊敬語・謙譲語は使わない。「拝見いたします」という謙譲語を「見ます」に変えると、わかりやすい。ただ、この例の場合は、主語が駅員のままなので、さらに乗客自身を主語にしてみると「ありますか？」となる。ずいぶん印象が変わるのではないだろうか。ここで注意は、丁寧語の「ます」が残っている点である。敬語は維持しながら、謙譲語だけ外している。決して敬語をやめましょうと言っているわけではない。なので、突然表現が失礼な感じになるわけでもない。

三つ目は、実物を見せる。自分の切符か電子マネーのカードを見せるというところが大事である。切符という言葉を相手が知らない可能性がある。実物があるものはどんどん見せればいい。見せながら、「これはありますか？」と言ってみると、かなりの人は理解できる。こうした技術論を扱った書籍はたくさんあるので、本書ではこの程度にしておく。

通訳や翻訳と同様のスキル——仲介活動

「やさしい日本語」を使いこなして接触場面に対応する能力、つまり、外国人とうまく意思疎通を図る能力とは一体どういうものであろうか。

人の行き来が盛んなEU域内では、接触場面が頻繁に起こる。そのため外国語学習は切実な課題である。そこで、外国語学習の教育目標や評価尺度を統一しようということになり、ヨーロッパ言語共通参照枠（通称CEFR）が公開されている。これまで各国がばらばらに教育目標を設定していたのを、EU内で統一を図ったものになる。「何ができるか」という能力記述（Can-do項目）をベースにした点で非常に実践的であり、日本を含む世界各国がお手本としている。

CEFRは、コミュニケーション言語活動を四つに分類している。それは「産出活動」（例　話す）、「受容活動」（例　聞く）、「相互行為活動」（例　やりとり）と「仲介活動」である。最後の仲介活動はちょっと字面だけではわかりにくいが、A言語をB言語に変換する通訳・翻訳やA言語内で難易度を調整するコミュニケーション場面を想定している。「やさしい日本語」を用いる活動はここに入る。確かに外国語能力の高い人は、「やさしい日本語」の言い換え（話し言葉）もスムーズにできることが多い。ちなみに仲介活動には、グループディスカッションをまとめる能力、授業で先生の話を上手にまとめてノートに記す能力なども含まれている。これらは、情報の整理・再編能力と言い換えてもいいだろう。

「乗車券を拝見いたします」から「切符はありますか？」に言い換えることがまさに仲介活動である。もしこれを、新幹線や在来線のグリーン車に乗ろうとしている外国人に説明するなら、「切符はありますか？　この電車は切符が二枚必要です」くらいの情報追加も必要になる。こういった能力がコミュニケーション言語活動の中に位置づけられているということに意義がある。漠然としている「やさしい日本語」活動に専門的な名前がついているのだ。そしてこの能力が通訳や翻訳と同じカテゴリーになることが広く認知されれば、「やさしい日本語」活用による仲介活動の社会的な地位があがるだろう。

「乗車券を拝見いたします」から「切符はありますか?」への言い換えくらいなら、コツさえつかめば誰でもすぐにできる。しかし、書き言葉の「やさしい日本語」化はかなり高度な仲介活動である。例えばNHKの「NEWS WEB EASY」(第六章)は、毎日数件のやさしい日本語ニュースをアップしている。舞台の裏側では、元となるニュース原稿が渡された後、専門のスタッフが書き換えを行っている。まだほんの一部ではあるが、「やさしい日本語」書き換え活動は、専門職として成立しているのだ。

日本語教師というお仕事

筆者は日本語教師である。外国人に日本語を教えること、日本語教師を養成することなどが本業だ。日本語教師は日本で外国人と触れ合う機会が最も多い仕事の一つである。2024年には国家資格化されるので、そういったニュースでこの仕事の存在を知った人が読者の中にもおられるはず。

我々日本語教師は、意思疎通のための引き出しが多い(と思っている)。そのスキルの一つが「やさしい日本語」である。筆者自身、多くの外国人とコミュニケーションをとりながら仕事をしているが、ほとんどは日本語を使っている。体験として日本語の伝達効率を知っているので、ある基準に達するまでは日本語でのやりとりを諦めない。ところが一般には、接触場面で日本語を使って話しかけても、相手が「ん？」というわからない対応をした瞬間、「あ、この人日本語がわからない」と判断してしまう人もいるだろう。我々日本語教師は、そこでひるまない。言い方やスピードを変えて、いろいろ言ってみる。相手が日本語話者じゃないことに気づいてからも、３ターンくらいは日本語でチャレンジする。

コンビニはわかりますか？

ん？

こんびに　です。

わかりません。

そこで、水やサンドイッチを買います。

はあ。

ローソン、ファミリーマート、セブンイレブン……
ああ、わかります。

こんな感じである。もちろん、最後まで意思疎通ができないこともある。相手の日本語能力を見極めるのも「やさしい日本語」の大事な機能である。ダメならスマホの通訳アプリに切り替えるまでのこと。

日本語教師という仕事を広く世間に広めた書籍に、『日本人の知らない日本語』がある。２００９年に出版されたものだが、いまだにこれを読んで日本語教師を目指したという学生が入学してくる。

この書籍の3巻に、とある学生が病気になり救急車を呼ぶシーンがある。救急隊員と学生との会話の間に日本語教師が助けに入ることになる。救急隊員はちょっと緊張していたのだが、先生が来てくれたことで安心する。そして……

救急隊員：先生、症状を聞いて下さい。

日本語教師：ハイ‼　どこが痛いですか？
学生：お……お腹《なか》が……痛いです。
救急隊員：日本語かよーッ

こういうのを日日通訳というが、日本語教師の業務としてはよくある話だ。学生と毎日いっしょに勉強をしていると、どういう言い方なら学生が理解できるかわかるようになる。その言い方のコツがわからない人は、つい伝わらない表現を使ってしまう。そこで、日本語教師が間に入ることになる。

我々は余計な部分をざっくり落とすこともあるが、必要な情報を加えることもある。日本語教師は日本語の授業を通して、学生の頭の中の知識を想定できるため、過不足もわかるようになる。まさに、接触場面における仲介活動のプロなのだ。

「やさしい日本語」が要らないときもある。外国人を前にして、ゆっくりとわかりやすく話しかけたとき、相手がノーマルスピードの日本語で返してきたらどうすべきだろうか。そのときは、さっと普通の日本語にスイッチすればよい。これも仲介活動の能力であると言える。世の中、タレントのデーブ・スペクター氏や文学者のロバート・キャンベル氏、韓国のアイドルグループ「少女時代」のスヨン氏のような日本語話者がゴロゴロとおられる。そういう人に「やさしい日本語」を使うのはかえって失礼になってしまうのだが、さじ加減が最初はなかなか難しい。

「やさしい日本語」は誰のため？

本書では便宜上外国人を設定して「やさしい日本語」を論じていくが、「やさしい日本語」は、高齢者、知的障害のある人など、多くの人に対応できる。こういった対象者別のガイドライン的な書籍を読んでいると、内容が非常に似ていることに気づく。短く区切って話しましょう。難しい漢語はやめましょう。尊敬語・謙譲語は使わずにデスマス体（「食べます、きれいです」のような形）で話しましょう。などなど、まさに「やさしい日本語」と同じである。これらはすべて日本語を相手に合わせて調整していく仲介活動を行っている点で共通している。

筆者の隣の家によくヘルパーさんがいらっしゃる。窓を開けていると、声が聞こえてくるが、本当にきれいな日本語を話されている。「ここで座ります」「立ってください」などなど、そのまま外国人に話してもわかりやすいものだ。外国人対応と少し異なるのは、声が大きい点くらいである。外国人には大きな声を出さなくても伝わる。そのような微調整は必要だが、根本的な理屈は同じである。「やさしい日本語」は、言葉のユニバーサルデザインなのだ。この書籍を通して、伝わる言語の本質を理解していただけたらと思う。最後までおつきあいください。

本章の冒頭では、日本語＝日本人語仮説を指摘したが、日本語を話す人と日本人がほぼ一致するという意図であった。このような日本語を話す我々が、接触場面を経験すると何が起こるのであろうか。仲介活動の実態を次の章から見ていきたい。

第二章　日本語不通の思い込み、英語必須の思い込み

最初の一歩がうまくいかない

筆者は、国や自治体が開く「やさしい日本語」研修で講師を務めている。研修には外国人対応に苦慮している参加者が来てくださる。相手に合わせてわかりやすく話そう、というだけのことであるから、考えてみれば反論の余地はない。ところが、日本語で声をかけるという最初の一歩が一般の人にはなかなか遠いように思う。そもそも頻繁に研修を行わなければならないという点において、普及の難しさを証明している。

第一章で日本語＝日本人語仮説を紹介したが、そこから派生する二つのステレオタイプが存在するのではないだろうか。一つは、外国人は日本語がわからないという思い込み、もう一つは外国人には英語を話さなければならないという思い込みである。どちらも長いので、本書では「日本語不通の思い込み」、「英語必須の思い込み」と呼ぶことにする。両者は在住外国人の実態に合っていないことを本章では指摘したい。

日本語不通の思い込み

鈴木孝夫《すずきたかお》氏のベストセラー『閉された言語・日本語の世界』の中で「日本語は外国人に分るはずはないという偏見」という一節がある。1975年に出たこの書籍では、外国人の体験を多くの書籍から引用しながら、「外国人は日本語を話せない」と日本人が信じている証拠を積み上げている。ウィレム・A・グロータース氏、ドナルド・キーン氏など日本文化に精通した外国人の書籍から、さまざまな日本人評（不満？）を紹介している。

共通しているのは、日本語を話す外国人を見ると日本人は不思議な行動をとるという点である。慣れていないのだ。「へえ、当時はそうだったんだ〜」という思い出話で片付けられるのだろうか。筆者は鈴木氏のベストセラーから50年たった今もあまり状況は変わらないように思う。すでに述べたように総人口の2％しか外国人がいないのだから、接する機会がさほどない。接触場面で意思疎通を図る練習が実体験としてできないのは昔も今も同じである。外国人が書いた書籍は仕事柄たくさん読んでいるが、今も同じ指摘は目にする。

インド人ジャーナリスト、パーラヴィ・アイヤール氏は、日本のことをインド人に向けて発信している。日本のいいところもたくさん述べておられるのだが、批判的な箇所もある。例えば、「レストランでは顔を見た途端、追い出された」「失《な》くしものを探しに警察に行くと動揺された」などの実体験が書かれている。

レストラン関係では、「外国人お断り」のサインに悲しい思いをする一方、「外国人歓迎」と書いてあると、他の店はすべて歓迎されていないようでちょっと複雑な気持ちになるようだ。何かをわざわざ言うことで、変なメッセージが伝わってしまっている。

レストランや警察という比較的外国人を受け入れなければいけない職種でこの状況である。他の一般人は推して知るべしであろう。これらの対応の背景にあるのも、日本語不通の思い込みであり、そこから派生する外国人に日本文化は理解できないという発想であろう。

日本語で執筆活動をし、日本で映画監督もしているアメリカ人のロジャー・パルバース氏は指摘する。日本語が外国人にとって難しいというのは誤解である、外国人が日本語を話しても不思議がってはいけないと。その上で、「「外国人」が日本語を話しているのを耳にしても、目をぱちくりさせないような日が来たら、そのときこそ、「国際的な視野をもつ」国民が現れたといえるのではないでしょうか」と結論づけている。当事者が言うと説得力があるが、筆者も全く同感である。「やさしい日本語」普及活動は、国際人養成活動なのだ。

在留外国人の日本語能力はどれくらい？

日本に住む外国籍住民の方は、日本語がいったいどの程度できるのだろうか。以下の四択から選んでほしい。

①2割以下
②4割
③6割
④8割以上

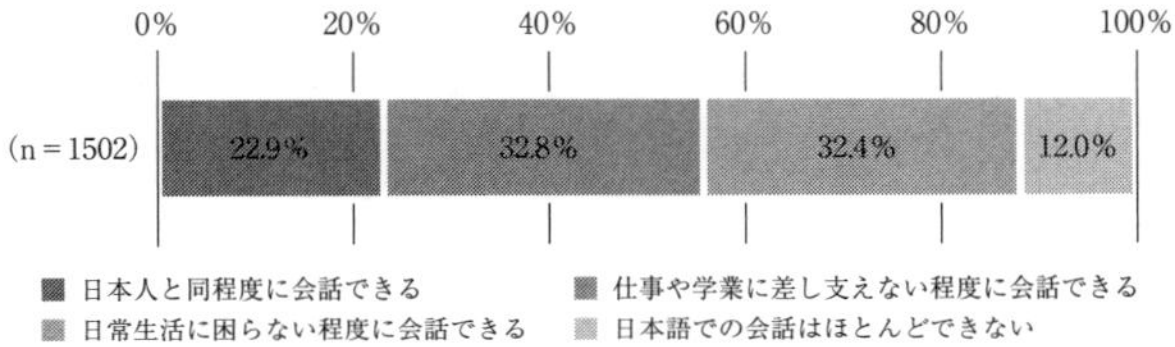

図1　日本語能力［話す聞く］（単一回答、出入国在留管理庁 2021）

この質問は、筆者がよく市民講座で投げかけているものだ。①、②を選ぶ人が圧倒的に多いのだが、答えは④の8割以上である。2020年に国内で行った調査では、自己申告ではあるが約90%の外国籍住民が日常生活レベル以上の日本語ができると答えている（図1）。この調査は、ルビ付き日本語、英語、中国語、韓国語、ポルトガル語、ベトナム語、タガログ語、ネパール語など多言語で実施している。「日常生活に困らない」と回答した人より上のレベルを「日本語ができる」人としてカウントすれば質問は④が正解となる。

この調査結果に基づけば、「日本語はできますか？／大丈夫ですか？」との話しかけに、9割程度の確率で「（少しだけ）できます」といった答えが返ってくることになる。日本語不通の思い込みは、統計的に誤りだということになる。

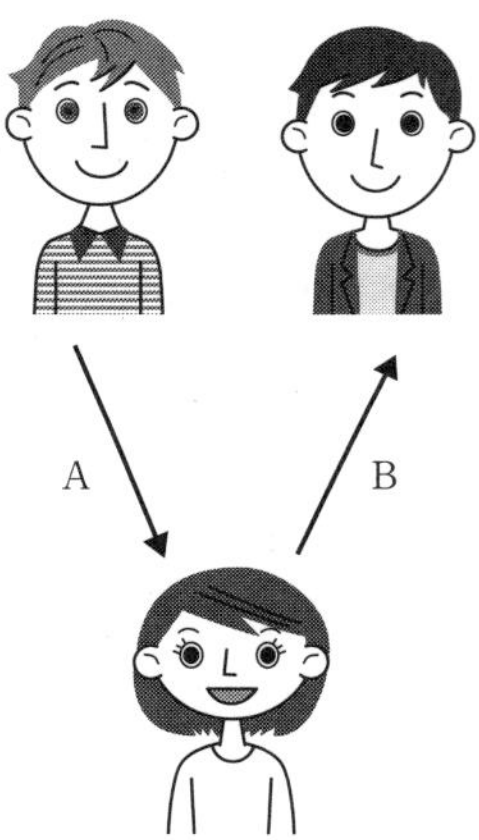

図２　第三者返答のイメージ

慣れない相手への対応と第三者返答

日本語不通の思い込みから派生する我々の言語行動に、「第三者返答」がある。これは言語学者オストハイダ・テーヤ氏が詳しく論じている。まずは図２を見てほしい。外国人（特に欧米人）が友人の日本人といっしょにいる。あなた（下の女性役）は、二人ともに面識がないとする。この状況で、矢印Ａのように外国人からあなたに話しかけてきたら、あなたは誰に返事をするだろうか？

実は、多くの人が矢印Ｂのように日本人に返事をすることがわかっている。しかし、これはちょっと考えればわかるが、話しかけた外国人にとっては非常に不愉快である。私の日本語はそんなにひどいのだろうか、などと悩んでしまう可能性もある。

ちなみに、この接触場面をコメディにした、「But we're speaking Japanese!　日本語喋《しゃべ》ってるんだけど」というユーチューブ動画はなんと約４００万回も再生されている。

いかに滑稽な対応であるかを実感していただきたい。同時に、日本ではよくある場面だからこそ映像が広く普及しているのだ。

第三者返答は、図2の外国人を車椅子に乗った日本人に置き換えても同じことが起こるとわかっている。つまり、日本語だけの問題ではなく、慣れない人との対応がこういう行動に結びつくのであろう。

図3　JR「声かけ・サポート」運動より

英語必須の思い込み

このイラスト（図3）は、JRの駅に貼ってあるポスターの一部である。外国人には「May I help you?」と声をかけましょうという提案がある。このイラストはさまざまなバージョンがあるが、メッセージはどれも同じである。やさしい日本語運動のもう一つの阻害要因は、英語への過信から来る。日本語不通の思い込みと表裏一体の英語必須の思い込みである。

これはイラストを見てもらうとわかるが、欧米系の人が対象になると非常に強くなる。友人のカナダ人が朝の超満員電車の中でいきなり、「Where are you from?」と聞かれて焦ったと言っていたが、相手はこのポスターを見たのであろうか。ぎゅうぎゅうの電車で知らない人が突然出身地を聞いてくるなんていう状況は少し不自然だと思う。ちなみにこの友人は電車の中でいつも日本の小説を読んでいる。英語必須の思い込みがいかに強いかがわかるエピソードであろう。

英語話者は世界にどれくらいいるのか

世界の状況を考えてみよう。英語が伝わる人と言ってもいろいろある。イングランドのイギリス人のように英語母語話者で、自分の英語が標準だと思っている人もいる。シンガポールのように中国語を母語としながら、公用語の英語も流暢《りゅうちょう》に話せる人が多い国もある。日本のような環境でも英語を学習して上手になる人もいる。こういう人を考慮して、四択で考えてほしい。世界に英語がわかる人はどの程度いるだろうか。

①2割
②4割
③6割
④8割

これも、筆者が市民講座でよく使う質問である。国際交流団体などの講演では、①や②を選ぶ人が多いのだが、一般市民向け講座だと③、④を選ぶ人が多い。「そもそも世界の6割から8割が英語話者なら、この会場は英語が飛び交いますよ!」って言うと、みなさま、はっと気づくようだ。答えは①の2割。

世界の英語話者はおよそ10億から15億と言われている。世界の言語話者数に関しては全数調査がないため、英語話者数も推測値でしかない。英語が国際語だと主張する人も、いやいやたいしたことはないよと主張する人も、根拠とする数字は10から15億だ。10億人にも伝わるなんてすごいことだ! というのも正論だし、世界には英語がわからない

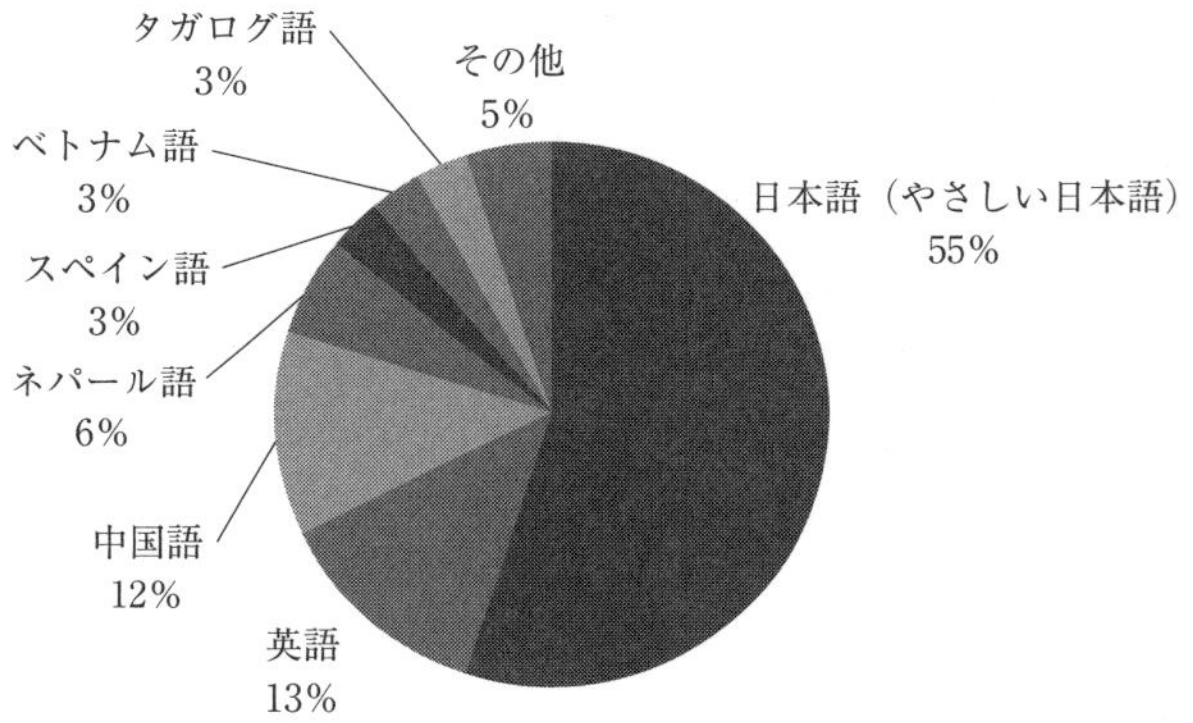

図４　新型コロナ生活相談で使われた言語（2020 年４月 17 日～５月６日：村田 2020 から作成）

人が60億人もいるんだから英語はあまり伝わらないよというのも正論だ。英語学者の江利川春雄氏は、「英語は決して「世界共通語」などではない。世界で約72億人の人口のうち、約60億人は英語を使えない。世界には６０００を超す言語と、それらを話す多様な民族が共生している」と指摘する。

仮にこの数字で計算すると、２割弱というのが英語話者の数となる。日本国内はどうだろうか。東京都外国人新型コロナ生活相談センターが受け付けた電話相談を言語別に分けると図４のようになる。コロナ流行の初期なので、つきそいの日本人が電話をかけてくることもあり、日本語がやや高めに出ている。それでも、様々な調査で英語が日本語を上回ることはない。外国人を見たら、「英語ではなく」、日本語で声をかけましょう！　という根拠はここにある。

とっさの反応が命取り

我々には、英語必須の思い込みがある一方、在住外国人は日本語の方が得意である、というミスマッチを紹介した。相手の日本語による話しかけに対して英語で返してしまうと、話しかけたほうは不愉快な思いをすることもある。

２０２０年、コロナ対応に関する記者会見（8月28日）において、日本の外務大臣の受け答えが話題になった。日本語で質問してきた英字紙の記者に外相は英語で返事をした（質問もはぐらかしたんだけど）。それに対して記者は「日本語でいいです。そんなにばかにしなくても大丈夫です」と答えている。話しかけた人が望む形の返事が戻ってこないという点において、第三者返答に似ている。話し手が不愉快になるという点も同じである。

東京都目黒区が２０２０年に外国人調査を行っているが、その中で「あなたが日本語で話しかけているとき、相手が英語（もしくは他の外国語）で返事をされたことがありますか？　または、「英語は話せないから。」と言って会話を拒まれたことはありますか？」と聞いている。回答者53人中、「はい」は40人で75％を占める。韓国や中国など東アジアの人間を除いて集計すれば、もっと割合は高くなると思う。ここで「はい」を選んだ人のほとんどは、不愉快だったなどネガティブなコメントをしている。

英語関連産業と英語必須の思い込み

朝、通勤電車に乗ると、有名サッカー選手がポスター越しに話しかけてくる。

「英語ってどう考えても必要でしょ」

とても強い説得力をもって迫ってくるのではないだろうか。われわれの思い込みを増幅しているものに英会話産業のCMがある（暇な人は一車両あたり何枚ポスターがあるか数えてみよう）。

ここで立ち止まって考えてほしい。こんなに世界中を渡り歩いて活躍する日本人は、総人口の何割いるのだろうか？　そして、オランダ、ロシア、イタリアのリーグで活躍してきたこのサッカー選手にとって、本当に英語だけが必要だったのだろうか。いろいろつっこみどころはあると思う。

言語学者の木村護郎クリストフ氏は、宣伝手法の共通性などから英会話とわき毛脱毛の共通点を論じている（どちらも電車の中にたくさんありますよね？）。広告のテーマは消費者の劣等感であるという先行研究を引用しながら、両者は必要性に基づいたものではないことを論じている。そして、広告が多大な期待と憧れを喚起することでそれが必要だという空気を作る装置になっていることを示唆している。

国別の英語話者の数をレベル別に計算している図5を見てほしい。高度な英語力を持っている人はどこの国でも少ないのだが、アジアでは1〜2%である。公共施設の使用言語も高等教育の指導言語もすべて日本語で行われている日本社会において、英語ができる人は少ない。使用場面がないのだから当然の結果である。

この圧倒的なアンバランス（学習者は多いのに、できる人が少ない）が日本社会の現状である。この状況は、英語関連産業にとって好都合である。99%の日本人がマーケットになるからである。この背後には、イギリスやアメリカの対外英語教育政策があり、イ

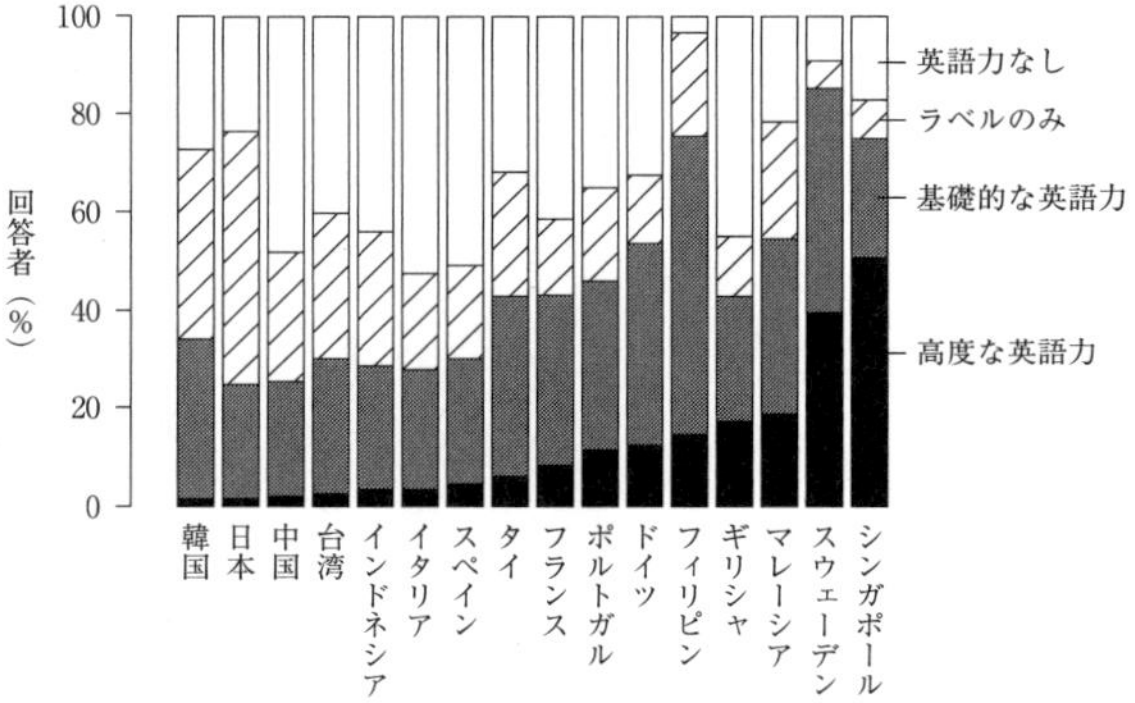

図５　国別の英語力（寺沢 2015）

ギリスだけで英語によって年間数兆円の利益を得ているともいう。英語教育の推進は特定の国に利益をもたらすのだ。この巨大な英語関連産業の働きかけが英語必須の思い込みを形成する原因の一つであろう。

数学者でタレントでもあるピーター・フランクル氏の書籍には、英会話をしたがる日本人にしつこくからまれる体験談がある。この「英会話をしたいだけで声をかけてくる日本人」の存在は、外国人執筆書籍にたびたび顔を出す。英会話に挑戦するのも相手次第であろう。フランクル氏はハンガリー人なんだから、話しかけるならまずはマジャル語で。相手が日本語で返して来たらこちらも日本語に切り替える。これが清く正しい国際コミユニケーションだと思いませんか？

英語ばかりを尊重する学校教育

初代文部大臣の森有礼《もりありのり》がかつて日本語をやめて英語を採用すべきだと考えていたことは有名な話である。そんな昔の話が直接つながるわけはないが、日本の学校教育も英語必須の思い込みを強化している。日本の中学校などでは実質上、外国語として英語しか選択できない。学校教育の指針を決める学習指導要領は科目別に出ているが、実は英語という科目はない。あるのは外国語である。平成29年『中学校学習指導要領解説　外国語編』第3章「指導計画の作成と内容の取扱い」は「外国語科においては、英語を履修させることを原則とすること」という文言から始まる。この学習指導要領には、英語以外の外国語の重要性に少し触れる箇所もあるが、ほとんどの部分で英語教育のことばかり書かれている。このあたりの事情は国語教育を専門とする森篤嗣《もりあつし》氏がまとめている。

外国語という教科の選択肢が英語しかないという教育上の事実は、世界の言語は英語で通じるという安易な発想につながりやすい。世界は8割が英語話者であると答える人がいることをすでに述べたが、世界の言語が6000以上あるとして、単一言語のシェアが8割を超えるなんてありえない。

筆者の周りには、高校までに英語は挫折したのに、大学に入ってから朝鮮語や中国語がペラペラになる学生がいる。最初から選択肢が多ければいいのになあと思うことは多い。仮に、学校教育で外国語の選択肢がアイヌ語、琉球《りゅうきゅう》語（日本語沖縄方言）、朝鮮語、中国語、英語のような選択肢になっていたら、日本人の発想はずっと柔らかくなっていたに違いない。

教育現場にも問題が起きている。英語ばかりを尊重する雰囲気は、子どもたちに差別意識を植え付けてしまう。英語話者の児童だけみんなからちやほやされることになるのだ。カメルーン生まれのマンガ家である星野ルネ氏は、英語の話せない外国人の若者が集まってなぐさめあっている状況をコミカルに描いておられる。彼らは肩身が狭いのである。なお、星野氏はこの状況をばねにして英会話をがんばったそうだ。

それでも英語は大事なのだ

英語に対して批判がましいことを述べてしまったが、英語学習が大事だという点に筆者は全く同感である。漢字圏の日本人は、中国語のニュアンスを理解できる。そして朝鮮語のような助詞のある言語とも相性がいい。そこでさらに英語を理解することで、世界の言語パターンの大枠を摑《つか》めるようになる。つまり、何か別の言語を学ぶ際に、非常に有利になるのだ。

ただ、実用性に関しては、冷静に理解すべきだと思う。2割弱の伝達効率ということは、5回話しかけて1回通じるかどうかである。他の言語に比べたら圧倒的に伝達効率がいいというだけのこと。それが国際語と言われる英語の現在地だ。本章で紹介した木村護郎クリストフ氏は、「節電」という語をヒントに「節英」という用語を考案し、節度を持った英語の使用を提案している。実用性に関しては過信せずにほどよい距離を取りましょう。

英語は日本社会において、コミュニケーションツールというより、人間の評価尺度となっている。英語の点数を取れる人は、コツコツと努力ができる人である。日本語話者にとってあんなに習得困難な言語を果敢に理解しようとする姿勢自体が評価されていると考えるべきだ。コツコツ努力ができるかどうかの指標だからこそ、大学入試や一部の入社試験でも英語力が参照される。一方、国内では実用性が非常に高いわけではない。そこを混同してはいけない。現状を理解した上で、大いにがんばればよい（なぜか突然受験生向けメッセージみたいになってしまった）。

コンバージェンスとダイバージェンス

筆者は、学生に授業をするときと、学会で同業者に発表するときでは話し方が異なる。つまり相手によって話し方を変えている。そして、子どもに何かを説明するときと、妻に説明するときは話し方を変える。みなさんも同じであろう。高齢者に話すときと小学生に話すときなどは必ず伝え方が異なるはずである。

社会言語学では、相手に合わせて伝え方を調整する仕組みを「アコモデーション理論」で分析している。そこでは、相手との距離を近づけたいという「コンバージェンス」と、相手と離れたいと考える「ダイバージェンス」があるとされる。心理的な距離と言語的な距離を分けて分析するのだが、相手に近づきたいと心理的に思えば、言語的にも近づくと考える。例えば、東京に出てきた関西人が周りになじもうと標準語を話し出すとしたら、それがコンバージェンス。関西弁でやりとりする関西仲良しカップルが、けんかしたときだけ標準語になるのがダイバージェンスである。

外国人に英語で話してしまう人の例を考えよう。相手にわかるように伝えようとしている点でコンバージェンスを行っている。ところが、相手を個人として判断しているわけではなく、相手が所属する集団へのイメージ（外国人は英語だ！）から判断しているため、結果として意思疎通に失敗することもある。つまり、コンバージェンスのつもりがステレオタイプに遮られてダイバージェンスになってしまっているということになる。英会話の練習をしたいとか、第三者返答をしてしまうなんてことは相手に失礼なのですぐにでもやめたほうがいい。ただ、外国人に英語で話しかける人は、ほとんどの人が好意で行っている。相手に伝えたいという純粋な動機からのことである。ここが問題を複雑にしていると思う。

ステレオタイプを越えて

本章では、日本語＝日本人語仮説から派生する二つのステレオタイプが「やさしい日本語」の活用を阻害していると指摘した。日本語不通の思い込みと英語必須の思い込み、どちらも統計的には根拠がないことが伝われば何よりである。ステレオタイプが怖いのは、それ自体を否定することが難しい点にある。本章で扱ったステレオタイプをすでに頭に保持している人は、英語を話さない外国人に会ったとき、「ああ、この人は例外的に英語ができないんだ」という判断をしてしまう。例外扱いをすることで、「外国人＝英語」というステレオタイプ自体は生き残ることになる。結果として思い込みは訂正されない。

こういったステレオタイプを徐々に是正するには、データに基づく事実の開示が重要であると考えている。本書はさまざまなデータをお見せしながら議論を進めていく。そして、「やさしい日本語」を取り巻く現状について少しでも理解が広がることを望んでいる。

第三章　やさしさの調整はむずかしい

ルー大柴《おおしば》が顔を出す

第二章でやさしい日本語の活用を阻害するステレオタイプについて考えた。それらを乗り越えて、接触場面において日本語を選択したとしよう。これで最初の一歩は踏み出せたことになる。しかし次のハードルがまた待っている。日本語を選択しても、わかりやすさを適切に調整することは簡単ではない。外国人に向かって日本語をわかりやすく話そうとしても、うまくいくとは限らない。本章では、筆者の経験や書籍の指摘から、「やさしい日本語」を話そうとしているのに失敗した例を紹介したい。

公的機関の窓口などでよくあるパターンは、日本語に英単語を交えて話す人である。「藪《やぶ》からスティックじゃないか～」でおなじみのルー大柴さんみたいになってしまう。英語必須の思い込みが、こんなところにも顔を出すのである。

「そこに名前をご記入ください。Your name!」

こんな感じの日本語を使う人がいる。しかし第二章で見た通り、英語話者が思ったほどいないため伝わるかどうかわからない。また、日本語を話している時点で、相手の耳は日本語を理解するための準備をしている。だから突然英単語を放り込まれてもキャッチはできない。さらに、単語の選択にも問題がある。このように英単語を交える人は、往々にして自分が訳しやすい箇所だけを訳すため、相手にとっては一番簡単な日本語だけ英語になってしまう。例文で言うと、「名前」なんていうのは基礎中の基礎語彙である。「英語にしてもらわなくても結構です」と相手は思うはず。

タメ口トーク

相手に伝えようとした結果、うまくいかないということはよくある。窓口のルー大柴さんに加えて、まだまだ調整失敗の報告はある。

例えば、タメ口トークである。外国人対応の時「あなたが、書類を書く。私に渡す。私がチェックする。大丈夫?」みたいな話し方をする人を窓口で目にする。これらの日本語の形は普通体と言われるもので、いわゆるタメ口である。一見シンプルでよさそうに見えるのだが難点がある。在住外国人の多くは、教科書で日本語を学んでいるが、その教科書はすべて丁寧体と言われるデスマス体で始まるのだ。「あなたが、書類を書きます。私に渡します。私がチェックします。大丈夫ですか？」のような形で習うことになる。デスマス体のよさは、文の切れ目がはっきりとわかる点である。そして話し相手に直接語り掛けるような伝え方になる。また、相手に対する敬意はしっかりと保持しているため、シンプルながら敬語を使っている形になる。これは話し相手を重視する敬語という意味で、対者敬語という。

タメ口は、原則としてわかりやすくはならない。ただ、一部の日本語学習歴がない人にとってはタメ口が有効な場合もあるが、多数派にはデスマス体が有効である。何よりもタメ口は、やりとりを横で見ている日本人の評判が著しく悪い。仮に、公的機関の窓口でタメ口を話そうものなら、あの職員は態度が悪いとなってしまう。実際にアンケートで、住民からこの手のクレームが出ているのを筆者は読んだことがある。

一文字単位で区切る

次の例は、スタッカート日本語とでも呼ぶべき話し方である。日本在住のカナダ人、トンクス・バジル氏が自身の体験談を披瀝《ひれき》している。子どもが生まれたので、区役所に行った時のこと。

「あ・な・た・が、パ・パ？」

「マ・マ・は、ど・こ？」

トンクス・バジル氏は日本語が非常に流暢《りゅうちょう》だ。日本語がわかると伝えても、同じような話し方をしてきて、正直イラっとしたと書いておられる。どうも役所のマニュアルがそうなっているんじゃないかとまで疑っておられる。万が一、マニュアルにこんな的外れな話し方を書いているとするなら、すぐに修正しなければならない。

ひらがな一文字単位で区切って話しても絶対にわかりやすくはならない。一度、日本人同士でやってみればいいのにと思う。ちなみに、戦争カメラマンの渡部陽一《わたなべよういち》氏がテレビで話しておられるようなスロー日本語も決してわかりやすくはない。やるなら、国語の授業で習った「文節」という単位で区切るとわかりやすくはなる。例文をデスマス体に直して示す。

「あなたは、パパですか?」

「ママは、どこに、いますか?」

という具合である。日本人同士でやってみてもこのよさはわかるはず。

子ども扱い

もう一つ紹介するのは、子ども扱い日本語である。「やさしい日本語」は、子どもに話すように伝えましょう、と書いてあるマニュアルを目にする。確かに、子どもに話しかけるような日本語は非常にシンプルでわかりやすい。保育園の先生なんか、しっかりとデスマス体で話している人もおられ、そのまま外国人対応ができるなあと思うことはある。

しかし、一橋大学の社会言語学者イ・ヨンスク氏が、役所での不快な体験談を書いておられる。子ども扱いをされて腹立たしかったというエピソードである。職員が言ったセリフは以下のようだったとか。

ほらほらあなた、忘れないでね
だめじゃないの、そんなことしたら
明日までに持ってくること。わかったわね

これらは何が問題かと言うと、相手を一人前の大人として扱っていない点である。仮に日本語がたどたどしかったとしても、大人は大人として扱わねばならない。イ・ヨンスク氏は、著書でサントリー学芸賞を取るくらいの上級日本語話者である。「子どもに話しかけるように」と「子ども扱い」は全く異なることをここで記しておく。ちなみに、イ・ヨンスク氏は苦情の手紙を役所に出したところ、市長からお詫《わ》びの手紙が来てびっくりしたとも書いている。

なお、寝たきりでストレッチャー車椅子生活の方が新聞で同じようなことを述べておられる。小さいころから話しかけてくる人はみんな幼児扱いの口調で、それが嫌な思い出として語られている（「朝日新聞」2020年8月27日朝刊）。要は障害者と外国人が感じる不愉快体験は共通しているのである。

ここまでルー大柴さんから始まり、4種類の失敗例を見てきた。これらはアコモデーション理論で言うところの、コンバージェンスをしようとして失敗した話であった。本人は頑張った上での失敗なので、真正面から批判するのはかわいそうに思う。ただただ、せっかくの努力がもったいないないなあというところか。

実際のコミュニケーションの時は、わかりやすさ以外にベクトルが向いてしまうことがあり、結果としてよくわからない発話になってしまうことがある。つまり、コンバージェンスすら意識にないパターンである。そういった例を紹介したい。

硬い言い回し

地方自治体の窓口では、硬い言い方が規範だと思っている人が一定数おられる。相手が日本人だろうが外国人だろうが自分の信念を貫き通すと言えばかっこいいが、うまく伝わらないこともあるだろう。自治体のアンケート調査でも、職員の意識として硬さ重視の人がいることはわかっている。具体的には、法律用語や専門的な外来語を発話にまぜて話してしまう人である。例えば、コロナの全盛期、こんな発話がなされていた。

手洗い等の手指衛生や換気等の基本的感染対策をお願いします。

「手指衛生」なんていう専門用語を使わなくても、同じメッセージは伝えられるはずである。でも、「手指衛生」と言った方が、なにか格調高い発言をしているような気がして、言ってしまう気持ちは大変よくわかる。硬さ、格調高さは多くの場合、漢語と結びついており、結果として漢語の量が増えてしまう。第一章で紹介した技術論、漢語を和語に変える、と正反対のベクトルになり、わかりにくくなる。

尊敬語と謙譲語

紹介した技術論に、「尊敬語・謙譲語は使わない」というものもあった。「やさしい日本語」を話しているつもりが、尊敬語・謙譲語を使っているためにわかりにくくなるケースは多い。硬さという点では、漢語の使用と連続する話題である。

本日はどういったご用件でいらっしゃいましたか?
書類をただいまお持ちします。
それでは本人確認証をお見せください。

特にサービス業に関わるような方は接遇研修と称して尊敬語と謙譲語を徹底的に指導されている。接遇研修とは、直接性を避けた話し方をすることで相手への配慮を伝えるための練習である。ストレートさをぼかすところにポイントがある。世論調査を見ても、自身が敬語をしっかり使えないと心配している日本人は多いため、敬語は使わなければならないという意識があることがわかる。よって、自治体の職員研修などで尊敬語・謙譲語は避けるように伝えても、実際にロールプレイをすると、ぽろっと出てしまう。

言及回避とほのめかし

尊敬語・謙譲語以外にもストレートさを遮る手段はある。「言及回避」や「ほのめかし」と言われる表現だ。以下、私が子ども3人とマンガ喫茶に行った時の店員さんの発話である。すでに店員さんは家族のメンバーカードを作りかけており、入店後かなり時間が経ってからの会話である。

店員：当店は、お部屋が最大で3人部屋となっておりまして……。
岩田：わかりました。じゃあ分かれます。
店員：子どもだけの利用はできないんです。
岩田：はあ、じゃあ、3人部屋に子どもを入れて私がいっしょに入ります。
店員：いえ、3人部屋には4人目は入れません。
岩田：じゃあ、オープンスペースでマンガを読めますか？
店員：当店は個室しかありません。
岩田：どうすればいいんですか？
店員：……。

要は、「あなたがたは本施設を利用できません」という話である。それなら最初からそう言ってくれよと思うんだが、店員さんは作業の途中で気づいたみたいで、だからこそ言いにくい状況になっている。そもそも親1人と子ども3人のグループなんてマニュアルの想定外だったはずなので、店員さんには悪いことをしてしまった。

世の中ははっきり言えないことはたくさんある。そういう場合にどうしても婉曲《えんきょく》な言い方になってしまう。これは尊敬語・謙譲語よりもさらにあいまいになる。ストレートではないという点において、わかりやすさの対極にある。

配慮とわかりやすさはトレードオフ——ポライトネス理論

ここで少し理屈っぽい話をしたい。相手への配慮を扱ったコミュニケーション理論に「ポライトネス理論」がある。ポライトネス理論では、相手への配慮とわかりやすい話はトレードオフの関係にあると考える。ストレートなもの言い（直言）は伝達効率が高い反面、相手への配慮に欠けることになる（図6）。

もう少し細かい話をすると、相手に近づいていくか遠のいていくかで配慮のコミュニ

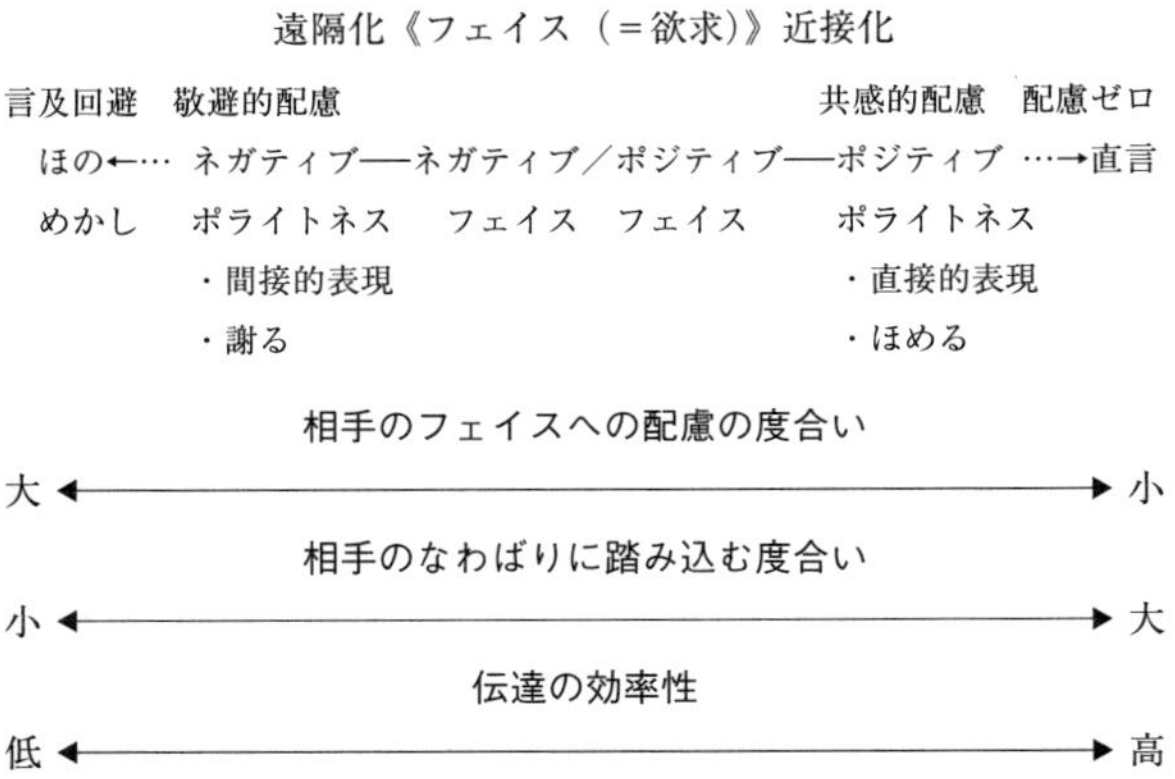

図６　配慮の度合いと伝達の効率性（図は滝浦 2008 より）

ケーションを考える。近づいていくと、ストレートな直言に行き当たる。仲のいい友達や家族などとの会話を想像してほしい。相手のなわばりに踏み込んでいるはず。「お前太ったなあ」などと言えるのは仲のいい人にだけであり、職場の上司になんかは決して言えないはずである。ストレートな話は、相手に対して無配慮になるが、大変伝わりやすい。

一方、離れていく方向に敬避的配慮（相手の領域を侵害しないようにしようとする気持ち）があり、尊敬語・謙譲語はここに当てはまる。そして、言及回避とほのめかしはさらに遠く離れることになる。離れれば離れるほど相手への配慮が大きくなる一方、伝達の効率性は低くなる。

マンガ喫茶の例で言うと、直言で「あなたがたは本施設を利用できません」と言えば、はっきりと意図は伝わる一方、言われた方がムっとしたり、イラっとしたりするであろう（子どもの前だからあんまり暴れたりはしないけどね）。

詳細さとわかりやすさもトレードオフ

なんでも細かいことを話すことが正確さを担保すると考えてしまうと、話は長くなる。そして、聞き手にとってはどうでもいい情報が増えてわかりにくくなる。「やさしい日本語」で説明するには、言いたいことの大枠をざっくり捉えた説明が一番伝わる。細かい情報を詰め込んでいくとわかりやすさから離れていくことを理解すべきである。具体例を考えたい。軽自動車を説明するとしよう。

軽自動車は、定員が４人以下で排気量が６６０cc以下のものを指し、全長は３・４メートル以内、高さは2メートル以内と決まっています。ナンバープレートは黄色で、貨物積載量は３５０キロ以下です。

一見、正確に見えるかもしれない。ただ、聞き手がそこまで正確な情報を必要としているとは限らない。留学生が単語の意味として聞いているなら、

普通車よりちょっと小さい車です。

くらいの説明で十分である。税金関係の話をしているなら、「少し税金が安い車です」くらいの説明を加えてもいいだろう。見た目の話をしているなら、「ナンバープレートが黄色い車です」だけでいい場合もある。要は、相手のニーズを予測して説明しなければならない。パソコンショップの店員さんで、こちらの質問内容以上の詳細情報を出してくる人がたまにいるが、そういう人にみなさんはどういう印象を受けるだろうか。「ああ親切で素敵♡」と思う人が多数派だとは思えない。

人間は自分の知っていることをできるかぎり漏れなく話したいという欲求がある。またそうすることが正確さにつながるような気がするものだ。ただ、この発想で詳細な情

報を付加していけばきりがない。一部の人に関わるかもしれない情報を付加するということは、大多数の人にとってどうでもいい内容が増えることになる。どこかでばっさり枝葉を落とすしかない。

心理学者の海保博之《かいほひろゆき》氏が「説明の詳しさ×説明のわかりやすさ＝一定」の法則を提案している。細かい情報を付け足せば付け足すほど話はわかりにくくなるという情報発信のしくみを発信者側は理解すべきだと思う。

質問に対する回答を考える

自分の知っている情報をできるかぎり伝えたいという心理が問題として顕在化するのが質問&回答の場面である。ここでは回答に注目する。質問と回答で構成される会話の際、質問の意図をしっかり理解して答える必要がある。以下は実体験に基づく作例である。役所の窓口は17時までなのだが、17時15分に電話がかかってきたとする。

Q：窓口はまだ開いていますか？

A：お電話ありがとうございます。ええと、○○区役所の開庁時間は8時45分から17時までとなっております。ただ今の時間ですと、そうですね〜、もう閉まっています。明日は土曜日ですので、来週以降に改めていらっしゃるようお願いいたします。

質問は、開いているか開いていないかの二択である。一番シンプルな答えは「いいえ、開いていません」がストレートでわかりやすい答えとなる。その後で付加的な情報を伝えればよい。我々は質問に対して答える際、言いたいことを先に話してしまって核心部分が後ろに来ることがある。これは、外国人対応ではうまくいかない。何を聞いてきているのかを確認し、その回答が冒頭に来るように答える、これも「やさしい日本語」である。

わかりやすさと相反する心理的な葛藤

評価法の研究者、宇佐美洋《うさみよう》氏の調査を紹介したい。一般の人を集めて、公用文を書くという設定で調査に協力してもらった。そこでは、課題A「エアコン・テレビなどの捨て方の説明」、課題B「外国人の住民登録に関する短い説明」をわかりやすい文に書き換えるよう依頼した。作業過程はすべて記録し、終了後にインタビューも行っている。結果を簡単に紹介する。

わかりやすい文にすると品が失われると感じる人がいた。課題Aに「処分料金」という用語がある。調査協力者は、これは外国人には難しいだろうと判断したが、「かかるお金」ではあまりに話し言葉的だと考え、「費用」にしたとコメントしている。他にも、日本語母語話者が読んだ時の印象を気にして品のある日本語に注意した人もいた。

わかりやすい文にすると正確さが欠けると考える人もいた。課題Bには、「法務大臣に届けてください」という文言があるが、市区町村の窓口に行けばいいだけなので、書類を直接法務大臣に届けるわけではない。調査協力者の中には、この部分を削除した人がいる。行動しやすくするための削除である。一方、悩んだあげく法務大臣を残した人もいる。法律に関することなので正確にすべきだという判断をしている。

ここからわかることは、わかりやすく書くように依頼をしても、調査協力者はジレンマを抱えるという点だ。具体的には、言葉を言い換えると公的文書としての品位に抵触

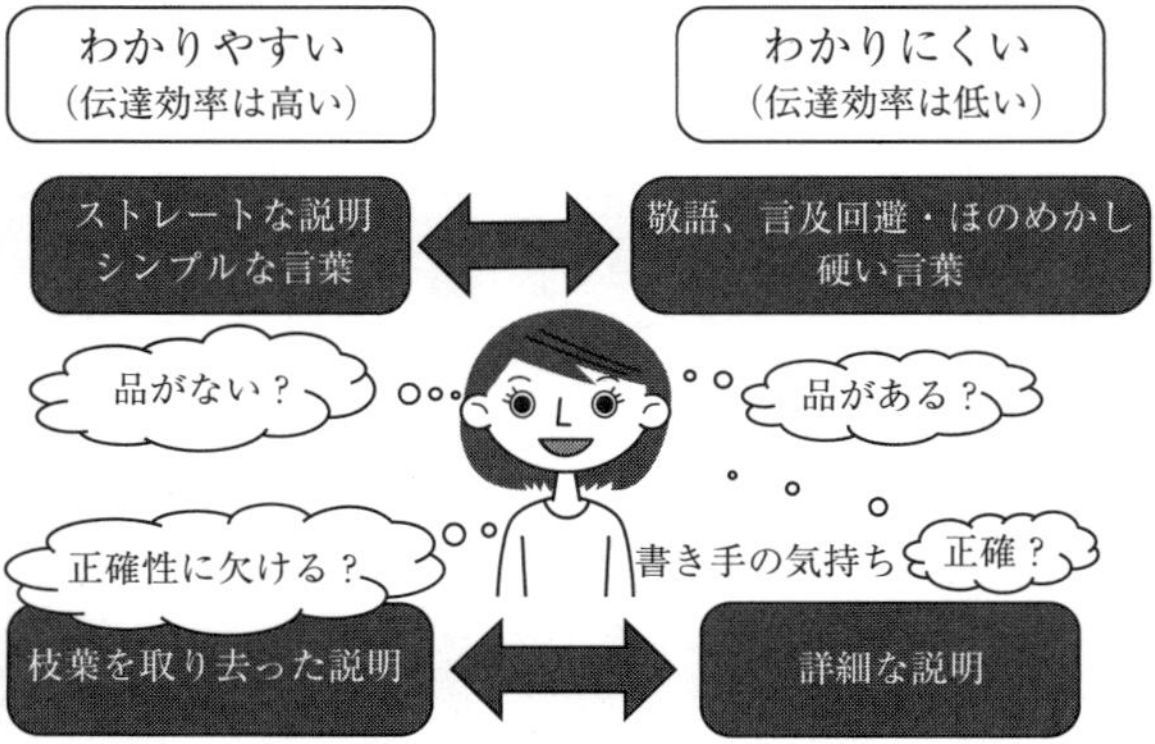

図７　わかりやすさを重視すると失うもの

するという心配、不要情報を削除すると正確さが欠けるのではないかという心配がジレンマにつながった。

ここまで紹介してきた尊敬語・謙譲語の話、言及回避とほのめかし、詳細な説明をしてしまう話は、実は根が深い。図７にまとめてみた。ストレートに伝えましょうと言っても、敬語を使いたい、言いにくいことをほのめかしで伝えたいという品重視の気持ちとぶつかる。また、「すっきりした（枝葉を取り去った）説明をしましょう」と言っても、詳細な説明は正確さとつながっているため枝葉が切れない人もいる。

伝達効率が高いのはどちらも前者であるが、伝達効率が低い方を選びたいという心理的圧力があるということになる。これは「やさしい日本語」を考える際にとても重要な問題であろう。

メッセージを研ぎ澄ます

「ストレート」な「直言」で「枝葉を取り去った説明」の具体例を紹介したい。ストレートに伝えましょう。言うのは簡単であるが、人によってストレートの定義が違う。ここがストレートになりにくい要因の一つでもあると考える。特に日本の言語文化で育ってきた人は、海外と比較することでストレートなもの言いに気付くこともあると考える。

タバコの注意喚起文を例にとって考えたい。

喫煙は、あなたにとって肺がんの原因の一つとなります。
疫学的な推計によると、喫煙者は肺がんにより死亡する危険性が非喫煙者に比べて約2倍から4倍高くなります。……

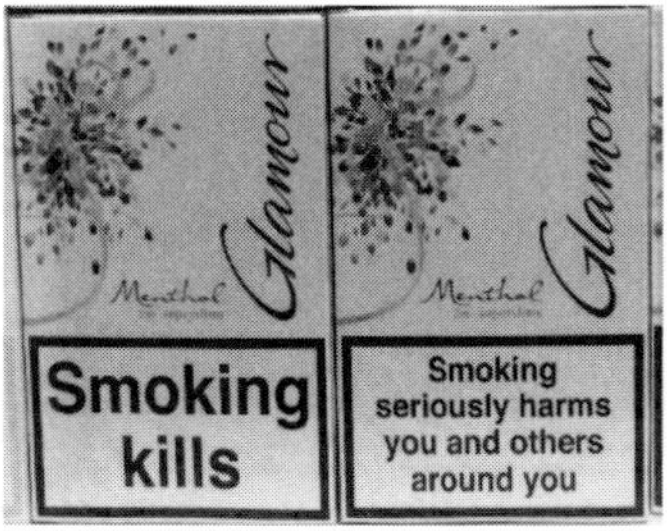

写真１　イギリスのタバコの注意書き

一方、イギリスのタバコ（写真1）は、「死にます」の一言だけである。中国のタバコもシンプルで「吸烟有害健康（タバコを吸うと健康を害す）」の一言である。これらの文言は法律で規定されているため、単純に表現の比較はしにくい。ただ、イギリスも中国も多言語国家であり、国内にさまざまな言語話者が存在していることを国が認めている。この点もメッセージがストレートになる理由の一つであろう。はっきり言わないと伝わらない、ということだ。

さらに、何かメッセージを発するなら伝わらなければ意味がないという価値観が見て取れる。

失敗から学ぶ

本章ではさまざまな失敗例を見た。ルー大柴さん発話、タメ口発話、スタッカート日本語、子ども扱い日本語、これらはシンプルにコンバージェンスの失敗であった。一方、敬語、ほのめかし、配慮、詳細さなどは、使用判断の時点での心理的な葛藤を背景にしている。それらの発話には理由があり、簡単に修正できるものではないということを見てきた。そこには伝達効率の低い方を選んでしまう心理的圧力があるのだ。わかりやすく話そうとしても、なかなかうまくいかない。これらのトレードオフになっている心理的な圧力は、まず頭で理解する必要がある。その上で、少しくらい品や正確さを失っても、ここは伝達効率上昇に全集中しよう、といった判断を状況ごとにしなければならない。失敗は成功のもと、実践で技術を身につけていくしかないだろう。

第四章　台湾で外国人になってみた

筆者が外国人になってみた

コミュニケーションを細かく分析するにあたり、設定を海外に移したい。筆者は数年前、新型コロナ禍の真っただ中に台湾で1年暮らした。そのときの中国語生活体験をベースに、「やさしい日本語」を再分析してみたい。ちなみに当時私は、小学校4年生の娘を一人連れて台湾に渡っている。噂通り親日的な人々に囲まれて、楽しい日々を過ごしたのだが、本章は接触場面を中心に分析したい。

台湾で暮らしてみて、日本と似ている点を感じた。例えば、最初に部屋探しをしたとき、いい物件はまず「外国人お断り」と書いてあった。日本に住んでいる外国人は部屋探しに困っているなんて報告書は山のように読んでいたけど、いざ自分にふりかかってくると大変にまいった。しかも部屋情報の最下部にでてくるので、文章を最後まで読まないと気付かない。冒頭に書いておいてくれ！　と何度も思った。

他にも日本と似ている点はある。こちらから中国語で話しかけているのに、英語で返事する人に何回か会った。私の中国語は現地人の発音とは違うと相手が判断しているのだ。ちょっと悲しい。私が発する中国語に対して相手の発する英語は嚙《か》み合《あ》っているので、確実にこっちが言っている内容は通じているのである。私のような顔面平面アジア人ですらこの対応なんだから、欧米人が中国語なぞ話そうものならどんな反応かは予想ができる。

ドキドキのワクチン接種

台湾で新型コロナのワクチンを接種すべく筆者が大きな病院に行ったときのこと。まず外国人用窓口に行かねばならない。入り口で患者の整理をしているボランティアのおじいちゃんに声をかけられた。このおじいちゃん、日ごろは高齢者相手に案内をしているようで、診察に必要な書類作成のお手伝いなどをしてくださる人だ。

私は外国人窓口に行きたいと言っているのに、「まかせておけ！」といいながら、台湾人向けの書類を出してきた。そもそも生年月日を中華民国成立〇年（日本の元号みたいなもの）で書かねばならない。変だなあと思いながらも、書き出す。ただ、書類の書き方もわかりやすく説明してくれて、いっしょに窓口までついてきてくれた。快適。そこで窓口職員がぴしゃりと一言。

「この人は外国人だから書類が違うわよ！」

おじいちゃんは、しょんぼりしてすぐどこかに行ってしまったが、この一連のお手伝いは、みごとに「やさしい中国語」だった。短いフレーズをゆっくり、はっきり言ってくれるので、私は１００％理解できた。中国語をかみくだいて、困ったところは紙を見せながら説明し、窓口まで誘導してくれた。高齢者対応の言語コミュニケーションは外国人対応に使えるということをそのまま体験した。突然消えてしまったので、おじいちゃんにお礼も言えなかったことを私はずっと後悔している。

無事書類作成が終わり、次の場面に移る。私が訪れた病院では、外国人用ワクチン接種エリアの中に日本人専用エリアがあった。そこではなんと、予診票を日本語で書いてもいいという。当時、日本でワクチンを受ける外国人は日本語の予診票を書かねばならなかったので、外国語の予診票を受け入れている台湾の対応はとても柔軟だ。

ワクチン接種に際して、医師から説明があるのだが、その場に日本語ボランティアさんがおられた。あまり日本語がうまくなかったから、ボランティアさんだと思う（自分の中国語を棚に上げといてよく言えたもんだけど）。台湾の職業的日本語通訳はレベルが高いのだ。ボランティア通訳さんと何回かやりとりをしているうちに、「あ〜もう中国語で話してよ！」という気持ちになった。そもそも病院に一人でやってくる日本人おじさん（ワタシのことよ）は、中国語がある程度できると想定すべきだ。自信がなかったら付き添いを頼むんだから。ただ、あちらもメンツがあるので、わかったようなふりをして切り抜けた。中国語で話して！　なんてとても言えなかった。

情報発信は母語の方がうまくいく

病院でのボランティア通訳さんとのやりとりを通して、言語選択の判断基準を考えたい。まず大前提として、外国語でアウトプットする（話す・書く）ことはインプットする（聞く・読む）ことよりも難しい。

例えば、日本人が英語の翻訳をやるとしたら、英文を日本文に訳す仕事があてがわれ

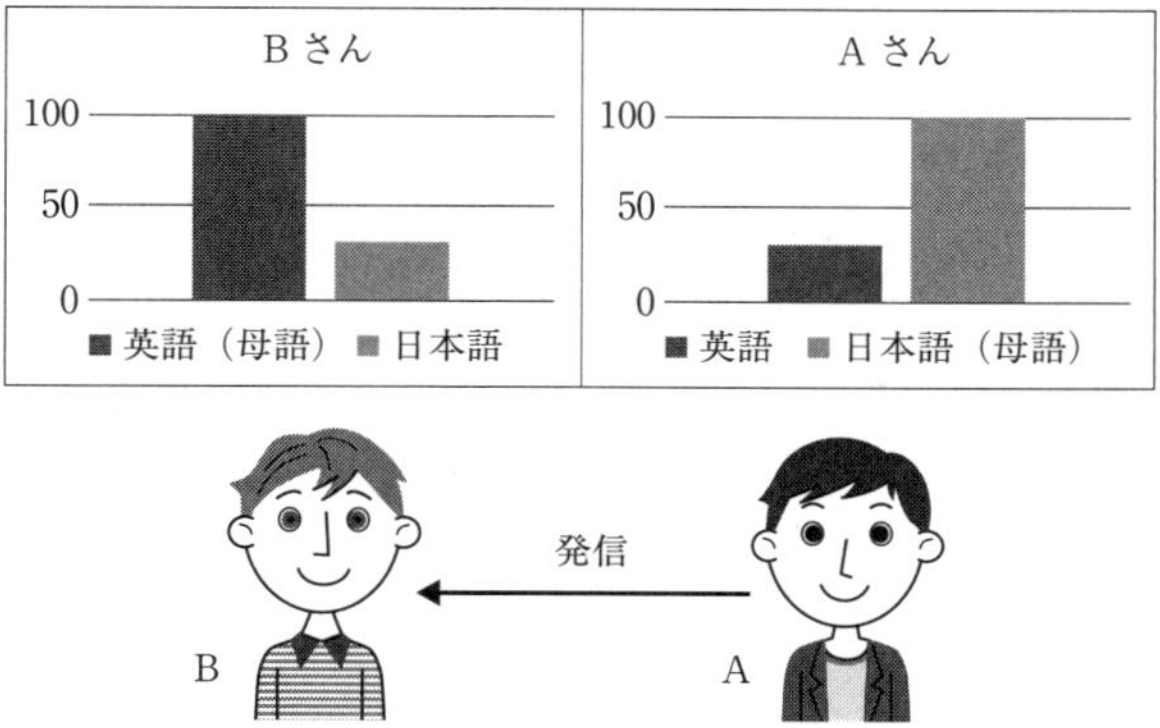

図８　言語選択の判断材料

る。英語を読んで日本語に直す方が簡単だからだ。みなさんも想像してほしい。英語がある程度できる人でも、日本文を英文に翻訳せよと言われたら、ちょっと大変そうだなと感じるのではないか。つまり、情報を発信する際には母語でやったほうが楽なのである。圧倒的に楽だと言える。

図8を見てほしい。話をわかりやすくするため日本語話者と英語話者のやりとり場面を設定する。Aさん（日本語話者）がBさん（英語話者）に情報を発信する際、まず、相手の言語能力を考えるべきである。

仮にAさんの母語の言語能力を１００と数値化して、英語が30だったとする。Bさんは逆に日本語が30である。お互いの外国語能力が同じ程度だとしたら、発信者側が母語を使った方が圧倒的に意思疎通はうまくいく。経験的に言うと、Aさんの英語能力が50くらいあったとしても、日本語で発信した方が意思疎通はうまくいくと思う。「やさしい日本語」をお勧めする理由はこういうところにもある。ただし、Aさんの英語力が100で母語と同じくらい操れるのであればガンガン英語を使えばいい（相手が英語話者ならね）。

逆になると何が問題なのか。Aさんが30の力の英語で発信して、Bさんは100の力の母語で理解しようとする。この場合Bさんの日本語力30が邪魔をするのである。日本語で話してくれたらすんなりわかるのに〜というもどかしさが優先してしまうのだ。英会話の練習台にされているなんて思ってしまうのは、こういう状況であろう。Bさんの日本語力が完全にゼロの場合は、そんなに問題にならないが。

なお、仮にAさんもBさんも相手の言語が全くできない場合、第三の手段で意思疎通を図ることになる。専門的には「追加言語方略」という。ABがどちらも英語母語話者じゃない場合は、英語が活躍することになる。人工言語であるエスペラント語などもここで活躍する。これらは、お互いに自分の母語ではないため、相手がとつとつと話してきても許容できる。お互いにその言語は下手くそであるという認識が重要なのだ。

理想はみんなが多言語の使い手になること——複言語主義

本書は「やさしい日本語」を使いましょう！　という立場である。ただし、外国語教育や外国語の運用を批判するつもりは全くない。理想は、各個人が場面ごとに様々な言語を使い分ける社会になることである。日本国内の事情で考えると、様々な言語とは、中国語、ベトナム語、朝鮮語、ポルトガル語、タガログ語などである。また、アイヌ語、琉球語《りゅうきゅう》への配慮も必要であろう。ただし現実問題として、これらの言語を少しでも使いこなせる人が日本語母語話者にたくさんおられるとは考えられないため、ひとまず「やさしい日本語」の推進となっている。

「一人の人間が複数の言語を用いてコミュニケーションに参加できる能力を持つべきだ」という考えを、「複言語主義」と言う。これはＥＵの言語教育で重視されている理念である。複言語主義は、すべての言語を平等に扱うべきだという含意があり、英語だけを重視する風潮への危機感が背景にある。ＥＵ域内に存在する20以上の言語を互いに尊敬しようという理念だ。すでに述べたように日本の外国語教育はほぼ英語一択なので、この理念が採用されるのはまだ先になりそうだ。

図8ではAさんもBさんも複数の言語ができて、状況によって使い分けるモデルを想定した。複言語主義に沿って、英語話者も他の言語ができるという設定にしている。本来ならこの図は、日本語話者と中国語／ベトナム語話者との会話にしたほうが、日本国内での出現頻度は高い。あくまでわかりやすさのための設定であると理解していただきたい。

繰り返すが「やさしい日本語」推進は妥協案である。目標は各自が、社会の状況に合わせて中国語やベトナム語、タガログ語などができることである（片言でいいので）。アジアの言語をすぐに習得することが無理だとしても、その姿勢を示すことはできる。簡単なやりとりならスマホの通訳アプリが使えるので、「やさしい日本語」がうまくいかないときは、ぜひチャレンジしてほしい。大事なのは、相手の言語に対する敬意である。ちなみに私のスマホは、常にベトナム語がスタンバイしてある。

お互いに自分の言語を使うコミュニケーション

台湾の病院の話に戻ると、ボランティア通訳さんは中国語に切り替えた方がうまくいったはず。中国語は私が理解できてかつ、発信者側の母語だからだ。情報発信は母語の方がうまくいくという仕組みを利用した異文化コミュニケーションの形態に、「受容的多言語使用」というものがある。AさんとBさんがお互いに自分の言語を使用するというコミュニケーション形態である。

スカンジナビア航空の乗務員がお互いに自言語（スウェーデン語、ノルウェー語、デンマーク語）を話すのは有名な話である。歴史的にもバルカン半島など多くの地域で記録がある。近年、複言語主義の理念にかなうため、ヨーロッパでは評価され、注目されるようになったという。

受容的多言語使用は、話者間の各言語が類型論的に近い（スペイン語とポルトガル語のように似ている）ほうがやりやすいとされるが、必ずしもそうではない。うちの近所に住むイギリス人パパさんは、子どもにずっと英語で話しかけているが、子どもは日本語で返事をしている。こういう親子関係はそこら中で目にする。

筆者自身も、中国で日本語教師をしていたとき、同じ体験をした。日本人の少ないエリアで、かつ学校住み込みだった私は、学生がよく部屋へおしゃべりにきていた。当時、私は日本語で話しつつも、学生は中国語で話をしていた。特になんの違和感もなかったが、結局みんなにとってそれが楽だったのだと思う。やはり、母語で発信する方が楽なのである。

台湾生活のスタートは……

話を台湾に入った直後に戻そう。飛行機で松山空港に入り、私と娘は隔離施設にタクシーで送られた。当時の台湾は、新型コロナ感染者がいなくて、水際で完全に対策すればコロナは防げるという哲学で動いていた。よって、私と娘は防護服に包まれた人としか接触できず、「わしはばい菌か！」という扱いが続いた。そして隔離施設に到着したその日、台湾で感染者が大量に見つかり、大きなニュースとなる。

当然岩田父娘《おやこ》の入台と台湾の新型コロナ感染者急増は無関係である。厳密に言うなら、相関関係はあるが因果関係はない。ただ、なんとなく申し訳ない気がした。さて、極度の緊張状態の中、私たち父娘は、隔離施設を追い出され別のホテルに移送されることになる。外国人の隔離施設が、本物の感染者の隔離施設として機能することになったからである。私はスーツケース二つ分の書籍を持って来ていた。それを一日かけて隔離施設の本棚に並べた瞬間、「今すぐ片付けろ！」と言われた徒労感はでかい。そこまでの一連のコミュニケーションは対面で話すことは少なく、多くは電話であった。内容としてはこんなところだ。

・警察からの所在確認や健康確認
・施設職員さんからの指示
　隔離施設でのルール「〇〇しなければならない／してはいけない」
　移動の指示「隔離施設は使えなくなる…」「〇時に出てきてバスに乗って…」など

これらの一連のやりとりは、どれも大変だった。まず、私の心理的な状況がある。台湾に入ってからというもの、完全武装の防護服の人としか話ができない。みんな『風の谷のナウシカ』に出てくる森の人みたいな恰好《かっこう》をしている。この圧力はすさまじかった。こんなところでやっていけるのかと大変不安を感じている。ここでいう不安は、外国人をこれだけ神経質に扱う人たちが、この後普通に接してくれるのだろうかという不安や、義務教育の娘をつれているのに2週間もホテルに缶詰めにしてしまうことへの罪悪感など、いろいろあったと思う。

相手の状況も特殊であった。防護服の中にマスクをしているので、そもそも中国語を話す声がこもっている。電話のやりとりは、顔が見えないため意思疎通が難しい。そして、台湾初の感染爆発という緊急事態にぶち当たって、関係者が大変ピリピリしているという状況であった。私はリスニング能力にはそこそこ自信があったのだが、この事態においては何回か聞き返しをすることがあり、たびたびコミュニケーションの難しさを感じた。

心理的状況がコミュニケーションに与える影響

AとBがコミュニケーションを取るとき、両者の心理的状況（慌てているとか、不安を感じているなど）が、言語行動に影響を与える。また、両者が置かれている状況（緊急事態である、防護服をきている、電話で話している）も影響を与える。こういうことをここまで見てきた。

ピーター・ロビンソンという研究者が、言語教育における文章の理解をモデル化している。ロビンソンのモデルは、文章の複雑さと学習者の言語能力だけが理解に関わっているのではなく、やりとりが行われている場の状況や、学習者の情緒的要素（動機、不安、自信など）が関わっているとした。これは書き言葉のモデルだが、話し言葉に置き換えて考えることも可能である。つまり、台湾のエピソードで私の理解を邪魔していたのは場の状況や情緒的要素だと言えよう（あ、もちろん私の言語能力もあるんだけど）。

話し言葉のやりとりは、すでに場を共有しているので、その場における話し手の情緒と聞き手の情緒の関係が重要になる。聞き手が落ち着いていても、話し手が慌てていると理解はうまくいかない。逆もしかりであろう。ただ、この状況をコントロールできるのは、どちらかと言えば話し手になると言える。話す側がまず落ち着く。そして聞き手側の情緒的要因をなるべく取り除けるような努力をする。こういった配慮が大事だ。

医療現場のコミュニケーションに関する研究を紹介したい。日本医学教育学会で筆者が見たものだ。そこでは、あいづち、うなずき、パラフレーズ（復唱）、共感の言葉を表明する医師は、患者の安心感を高めるという結果だった。感性アナライザという装置で人間の安心感を客観的に測っている。医療場面はどうしても患者に緊張感が伴う。そういった状況では医師の態度が患者に影響を与えるということだ。患者の情緒的要素は医師がある程度コントロールできることを示している点で興味深い。

接触場面でも母語話者の態度が非母語話者に影響を与えることがわかっている。母語話者が非母語話者に何かを説明するとき、母語話者の態度が重要であるという。日本語教育学者の柳田直美《やなぎだなおみ》氏が書いたものだ。日本語母語話者が何かを説明するときに、非母語話者は何を評価するのかを調べている。

結論から言うと、外国人向けの説明（言葉や文法をうまく説明する能力）も大事だが、積極的な参加態度や、相手に合わせた説明がより高評価を受けるようだ。積極的な参加態度とは、「協力的だ、熱心だ、礼儀正しい」といった評価軸で測られる。一方、相手に合わせた説明とは、「話をよく聞く、相手の理解を確認する」などという評価軸である。こういった評価軸で高い点数を得た母語話者は、非母語話者から好印象を受ける。これらの評価軸は、相手の心理に働きかけ落ち着かせるものばかりである。

ピンチを切り抜けるための道具

隔離期間が無事終了。外国人お断りじゃないアパートをやっと見つけて、台湾の下町で娘と二人暮らしを始めた私の最初のミッションは、部屋にＷｉＦｉを設置することだった。裸のＬＡＮケーブルが部屋のドアの隙間から入り込んでおり、そこからインターネットは使える。電気店でルーターを買わなければいけないのだが、そういうハイカラな単語は辞書にはなかった。ネットで調べてから、とりあえず電気屋さんをウロウロしてみる。ほどなくＬＡＮケーブルがたくさん売っている場所を発見。そのケーブルの箱にルーターのイラストが描いてあったので、それを指さしながら「これをください」と言ったところ、あっさりと買うことができた。

話は変わる。私は娘に週１でタピオカミルクティを買うという約束をしていた。そうしないと娘がついてこない様子だったため仕方がない。店頭で、日本語を話す女の子が私の横に立っていれば、店員さんはタピオカだろうなあと予測ができる。

状況でコミュニケーションはある程度予測ができる。ところが、タピオカミルクティはお店によっては砂糖や氷の量を選ばねばならない。このときの中国語がいつもうまく聞き取れなくて、「もう一度言って！」と言うことが多かった。店員さんは決まって、紙に1から5までメモリのついたスケールを出してきて、「砂糖はどのレベルにするんだ？」と聞いてくれた。指さしで回答ができるようになっている。スマホで翻訳してくれた人もいる。

ちなみに、台湾移民局の職員さんは、私が在留資格のために提出すべき資料を全部口頭でつらつら述べたててきた。6種類くらい書類があったと記憶している。全部専門的な言葉なんだから、いくつも列挙したら聞き手にはうまく伝わらない。実物とか写真とかを見せながら話してくれたらよかったのになあと今でも思う。私は持ってきた書類を全部ぶちまけて、好きなの取ってくれ！ というストラテジーで切り抜けた。娘の手前、もうちょっとスマートに対応したかったんだけど残念……。

その現場の状況から助けてもらう

今述べたこれらの接触場面を分析したい。私はイラストを見せることで、あっさりとルーターを買うことができた。タピオカミルクティの砂糖の量は、スケールの目盛りを指さして伝えた。私は何か達成したい目標があるとき、モノを活用していることがわかる。「やさしい日本語」の技術論（第一章）で少し触れたが、モノを使ったコミュニケーションが有効であるというのは実体験からもわかる。

モノの使用を含めて、その現場の状況から助けてもらう程度を、場面依存度という。言語活動と場面依存度の関係は、言語学習の研究者であるジム・カミンズとメリル・スウェインの共著でわかりやすいモデルが提案されている（図9）。

コミュニケーション活動は、認知力必要度と場面依存度を軸にして説明できるというものだ。例えば日常会話などは、認知力必要度は低く場面依存度は高い。よって比較的簡単なコミュニケーション活動であると言える。これは図9のAにあたる。

この発想を応用すると、「やさしい日本語」の原理を説明しやすい。要は、場面依存度を母語話者側が高めるような工夫をすれば、相手はわかりやすくなるということだ。

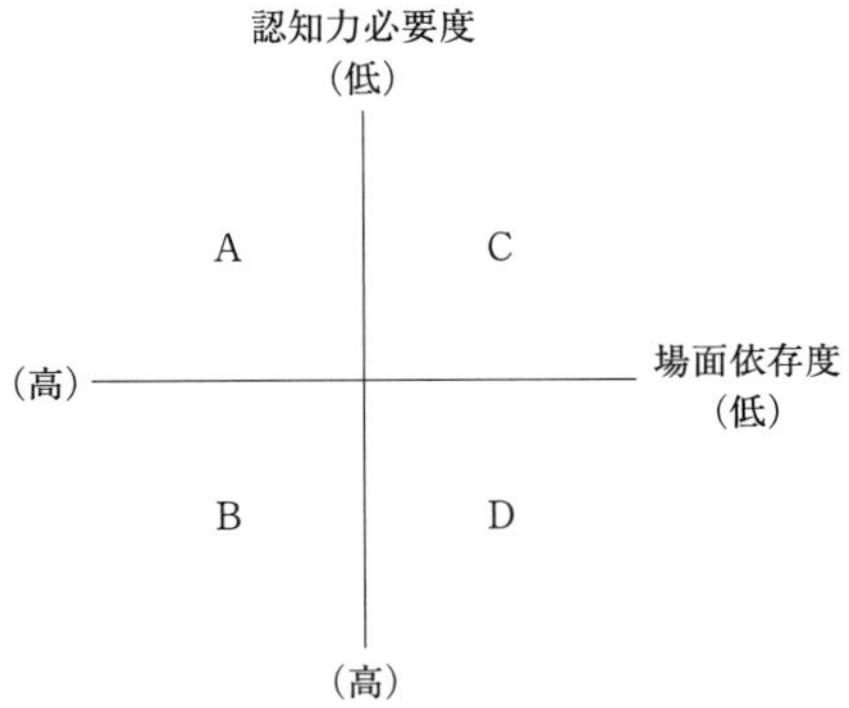

図9　認知力必要度と場面依存度（カミンズ、スウェイン2014）

まさに、タピオカミルクティのお店の人がそういう対応をしている。おそらく、日本から来る旅行者が何回もお店で砂糖の量を伝えられなかったため、指さしスケールが作られたのではないかと思う。ちなみに場面依存度を上げることは、私がイラストを見せてルーターを買ったように、外国人側からも可能である。

　場面依存度は、様々な場面で調整が可能である。「次は8月15日に来てください」と言って、相手に伝わらなかったときは、カレンダーの8月15日を指さして、「この日に来てください」と言えば、かなりの確率で伝わるだろう。道案内をするときに、言語で説明するよりも、その場まで連れて行ってあげれば話は早い。ウェブ上の手続き操作を

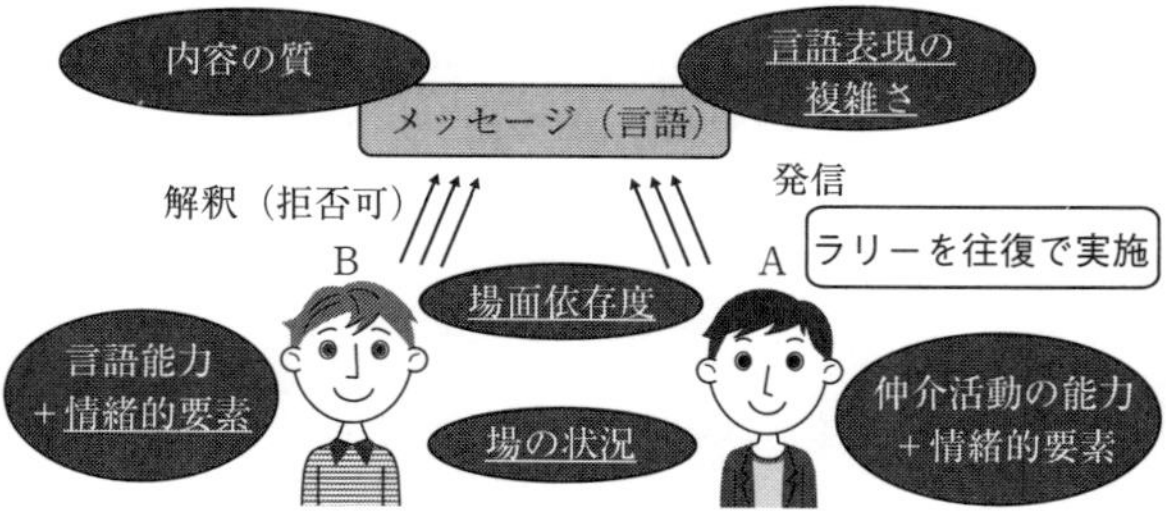

図10　話し言葉の伝達・調整に関わる要素

言語だけで説明するのではなく、動画で説明するとかなり伝わるようになる。これらはすべて場面依存度を高める工夫である。

伝わりやすさに関わる要因——話し言葉の仲介活動

ここまでの話をまとめたい。図10は、コミュニケーションに関わる諸要因をまとめたものである。話し言葉では、Aがメッセージを発信して、それをBは解釈するというラリーを往復で行うことになる。「やさしい日本語」の文脈で考えるならAには日本人、Bには外国人を設定することになる。

図10の中で、Aが調整できない要因から説明したい。まず、内容の質があげられる。そもそもメッセージの複雑さは内容の質で決まる。在留資格の説明をするときと、コン

ビニの場所を説明するときでは言語表現の複雑さが異なる。

次に、Ｂの言語能力である。これによって、メッセージを理解できるかどうかは異なる。この言語能力に付随するが、Ｂの解釈にも触れたい。解釈は能動的な行動であり、ここで拒否をするという選択肢が存在する。Ｂの言語能力が高くない場合、忙しい、疲れているなどの理由で解釈を拒否する可能性がある。これはＡにとってどうしようもない。母語話者同士であっても、内容に興味がない、などの理由で相手の話を聞き流した経験はみなさまにもあるのではないだろうか。Ａの話が難解でＢは理解することを諦めることもあるだろう。この場合は、Ａが言語表現の複雑さを調整することで解決できる可能性はある。このように言語表現の複雑さなど、Ａの仲介活動の能力を使えば、調整できるものも多い。

ここからは、Ａが調整できるものを紹介していく。図10ではそれらに下線を引いている。言語表現の複雑さを下げるには、尊敬語や謙譲語を避けるなどの技術論があり、すでに紹介した通りである。

次に場面依存度もＡはある程度調整できる。タピオカミルクティの例のように、指差しコミュニケーションなら意思疎通はしやすくなる。

また、本章で見てきたように、場の状況はある程度調整が可能である。仮に、地震が起きている状況だとしても、まず自分を落ち着かせて、相手の気持ちを落ち着かせる態度をとるということは可能であろう。地震という物理的な状況はコントロールできなくても、場の状況に働きかけることで、相手の情緒的要素をある程度は調整できる。地震もない平常時だとしても、相手を緊張させない配慮は重要である。

Aの仲介活動の能力が高ければ言語表現の複雑さだけではなく、場面依存度や場の状況を調整して、わかりやすく伝えられるのだ。「やさしい日本語」による情報発信という仲介活動の能力は、多岐にわたるということをここまで見てきた。

言語表現以外にも調整可能なものがある

本章は、筆者の台湾滞在生活を振り返ることで「やさしい日本語」に関わる諸要素を分析してきた。従来、「やさしい日本語」の技術論では、言語表現の複雑さと、受け手の言語能力に注目したものが多い。尊敬語を使わずにデスマス体にするとうまく伝わります、日本語能力が中級程度の人なら伝わりますといったものがそれにあたる。

本章で強調したいのは、場面依存度や場の状況など、言語表現そのもの以外にも調整可能なものがあるという点である。そして、すでに指摘したように、こういったものも、効果は大きい。Ａさんに尊敬語を使わない技術があっても、パニックになって大声で話しているような状況では、Ｂさんにメッセージがうまく伝わらないであろう。

この調整のチャンネルが多いという話し言葉の特徴は、次章の書き言葉と比較するとよくわかる。

第五章　書き言葉をわかりやすくするには

読みにくい公用文をわかりやすくする

ここまで話し言葉を中心に論じてきたが、本章では書き言葉の「やさしい日本語」を考えたい。書き言葉の「やさしい日本語」は、個人の言語行動を規定するものではなく公的機関の文書を対象としている。よって、ここから書き言葉については、公的機関が発行する文書に特化して話を進めたい（以下、公用文と呼ぶ）。

国や地方自治体が一般人に向けて書く公用文には、難解なものが混じっている。たくさんあるわけではないが、読みにくい公用文は少数でも存在感がある。公用文の読みにくさを指摘する有識者も多く、「難解な」は「公用文」の枕詞《まくらことば》のように使われているのではないか。

少し具体例を示して、問題意識を共有してもらいたい。厚生労働省のウェブサイトからひきこもりの支援に関する説明を引用する。元文のAに対して、筆者が書き換えたB

案をあとで示す。

Ａ　元文　ひきこもり地域支援センター事業

ひきこもり地域支援センターでは、社会福祉士、精神保健福祉士、保健師、公認心理師、臨床心理士等の資格を有するひきこもり支援コーディネーターが、ひきこもりの状態にある方やその家族へ相談支援を行い、適切な支援に結びつけます。また、地域における関係機関とのネットワークの構築や、ひきこもり支援に係《かかわ》る情報の幅広い提供等、地域におけるひきこもり支援の拠点としての役割を担います。

一文が非常に長く、句点が二つしかない。そこに言いたいことを詰め込んでいる。これは一文に多くの内容を詰め込もうとする法律文の影響かと思われる。こういった一文が長い文章は分解すれば読みやすくなる。特に情報を列挙するタイプの文章は、箇条書きを採用すべきだ。

また、元文にはあいまいな部分もある。明示的に言っていないため、ネットワークの構築をするのはコーディネーターなのかセンター（の職員）なのかがわからない。仮に後者の解釈で言い換え文のB案を作っているが、情報を明示化することも「やさしい日本語」では必要な操作である。

以下は、情報量を同じにして作成した書き換え文のB案である。ぜひABを比べてほしい。印象が変わるのではないだろうか。

B　書き換え文　ひきこもり地域支援センター事業

ひきこもり地域支援センターは、地域におけるひきこもり支援の拠点です。ひきこもりの方やその家族の方へ様々な支援を行います。

・ひきこもり支援コーディネーターによる相談、適切な支援
・地域における関係機関とのネットワーク構築
・ひきこもり支援に関する情報の提供

＊ひきこもり支援コーディネーターとは、社会福祉士、精神保健福祉士、保健師、公認心理師、臨床心理士等の資格を有する専門家です。

ここで考えてほしい。こうした書き換えは、外国人への配慮の問題であろうか？「やさしい日本語」運動に関わってきて感じるのは、公用文の読みにくさは日本語母語話者にとっても同じであるという点である。Bのように書き換えたら間違いなく母語話者にとっても読みやすくなる。

書き換えに当たって筆者は、元文を読み込んでからまず内容を理解する。そして読み手のことを想像しながら、文章の提示方法を整理整頓するという作業を行っている。決してAからBに逐次訳をしているわけではない。書き言葉における仲介活動はこのような作業になる。情報の正確な把握と文章の再構築が肝である。

公用文の四大疾病

ＡＢの文章を比べると、Ａは整理整頓ができていないと言える。この状態を筆者は「整理整頓不全」と呼んでいる。これは読みにくい公用文のパターンの一つで、他にも、「長い文章」、「間接的な説明」、「法律文の借用」といったパターンが存在する。

「長い文章」はその名の通り、分量が多いものを指す。余計な情報が多かったり、必要以上に細かすぎたりすると文章は長くなる。分量自体は少なくても読者の知りたい情報がどこにも書いていないため長く感じてしまう文章も含む。「間接的な説明」は、読み手に経済的負担を求めるものに多いが、はっきり言えない文章は間接的になる。「法律文の借用」は、法律用語をそのまま使ったもので、法律文をベースに書き換えているものが多い。硬く感じる公用文はこのパターンで、「かつ、及び、若しくは」などがよく使われている。

「整理整頓不全」、「長い文章」、「間接的な説明」、「法律文の借用」の四つが代表的な悪文のパターンだろうと筆者は近年考え、四大疾病と呼んでいる。これらは段落レベル・文章構造全体の問題であり、単語を少し書き換えれば読みやすくなるというものではない。詳細は自著『読み手に伝わる公用文』で分析している。人間の病気と似ており、病気の症状ごとに処置（治療）方法を考えなければならない。なので、執筆者に向かって一概に「わかりやすく書きましょう」などと伝えたところで、わかりやすくはならない。

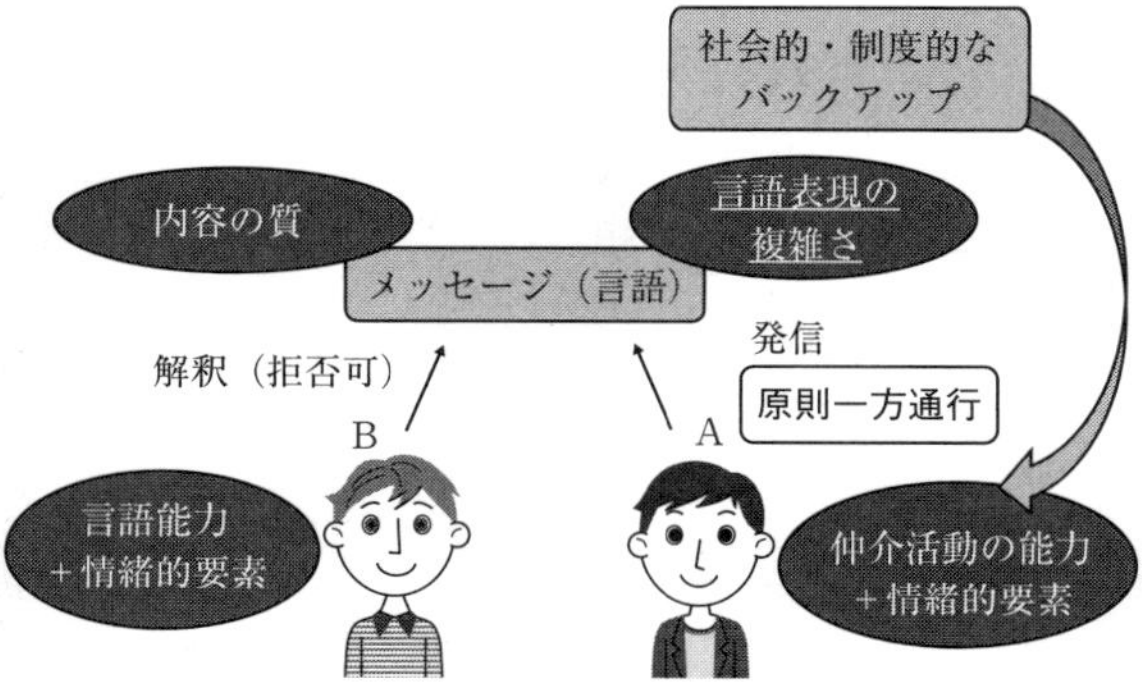

図11　書き言葉の伝達・調整に関わる要素

伝わる文章――書き言葉の仲介活動

書き言葉の仲介活動に関わる諸要因を、図11にまとめてみた。書き言葉の特徴は、まずコミュニケーションのラリーができない点にある。例えるなら、発信者が一方的に説明を続けて、相手の質問を一切受け付けないスピーチのような状況である。図10（93頁《ページ》）を思い出してほしいが、話し言葉は短いやりとりをラリーで行う。そうすると相手にとって必要な情報がわかるため、Aは的を絞って発信できる。図中のBは便宜的に外国人を設定しているが、書き言葉の問題は日本語母語話者にも関わる問題である。

書き言葉においては、書き手が読み手と場の状況を共有していないため、情緒的要素や場面依存度を調整するということもやりにくい。また、場の状況を共有していないため、仮に非常にひどい文章を発信したとしても、読み手の怒りが書き手に伝わることがあまりない。つまり、フィードバックがもらえないので、読んだ人のクレームが直接書き手に届きにくいという構造を抱えている。これは書き手の意識改革が進みにくい原因の一つだと言える。

図11で注目したいのは、Aに調整できるのは言語表現の複雑さだけだという点である(図10同様、Aがコントロールできるものに下線をつけている)。本章では図11の各項目を掘り下げていきたい。まず、仲介活動の能力、内容の質、読み手の言語能力を考えてから、解釈の拒否について紹介する。

なお、社会がわかりやすい情報を強く望んでいる場合、さらには法律などでその裏付けがある場合は、書き言葉の仲介活動は実力を発揮しやすい。これを社会的・制度的なバックアップとしておく。

書き言葉における仲介活動の能力

まず図11のAにおける「仲介活動の能力」を分析する。ここでは、すでに存在する公用文を修正するという場面を想定している。国が地方自治体に出した文書を自治体が市民向けに書き換える、先輩が作成して部署内に代々伝わるファイルを後任が書き換えるなど、公用文は書き換えるというプロセスが入りやすい。また、独自に文章を作成している人が、自分の文章を推敲《すいこう》するときも同じことが起こっているはずだ。

書き言葉における仲介活動は専門性が高い。まず執筆内容に関する情報を正確に把握する必要がある。部署に異動してきたばかりの人は、情報の把握に大きな労力がかかるだろう。次に、その情報を読み手に伝わりやすいように整理して再構築することになる。このとき、公用文が読みにくくなるパターンを理解していると対処法が的確に出せる。情報の取捨選択もここで考えなければならない。また、読み手の最大公約数を想定して興味関心を予測したり、読み手に合わせて難易度を調整したりすることが必要になる。こうやって言語化することになるが、設計図をしっかり作ってから書き始めるような作業である。そして、一方通行で発信したら修正はできない。

個人的には「長い文章」の解体が重要な課題ではないかと考えている。長いということだけで文書は読まれなくなってしまうからである。書き手が読み手の興味関心を予測しきれないと、全方位的に説明を追加することになり文章はどんどん詳細で長くなっていく。そこで情報の取捨選択が必要になる。第三章で紹介した「説明の詳しさ×説明のわかりやすさ＝一定」の法則は書き言葉でとくに顕著だ。

ここで、障害者福祉の専門家、打浪文子《うちなみあやこ》氏と筆者が共同で書いた論文を紹介したい。同じ話題の記事を取り上げて、NHKの「NEWS WEB EASY」と知的障害者向けの新聞「ステージ」でどのようにリライトされるのかを比較した。子どもや外国人向けの「NEWS WEB EASY」は、「ステージ」と共通点があるという指摘をしている。共通点は情報の取捨選択方法で、どちらも削除される情報が同じであった。細かい情報、周辺的な情報、結論に至るまでのプロセスの説明、こういったものがカットされていた。

この論文からわかることは、ある情報において、立場の違う複数の人間が判断しても、カット可能な余剰部分が存在するという事実であろう。こういう操作が取捨選択である。ちなみに「○○大学の○○教授は〜と指摘」型の有識者コメントも、両メディアではばっさりとカットされていた。

文章の難易度を数値化する――文名詞密度

文章の難易度を調整するとき、読みやすいかどうかの判断基準が難しい。「小学生にわかるように書け」とか「中学生が理解できる日本語」などという文言はいろいろなところで目にするが、実は客観的な指標はない。学年別配当漢字(2018年以降は小学校6年間で1026字)というものがあり、漢字の数は学年別に制限がかけられるが、これはあくまで文字の話。文章理解とは別物である。だから、中学生がわかるように書くなんていうのは、精神論なのである。小学生新聞の記者さんなど、ストライクゾーンが秘密のまま一生懸命ボールを投げていることになる。そして、「小学生にとって文章が難しい」などメディアで批判されたりするのは、本当にかわいそうだと思う。

発信者が仲介活動をうまく機能させるには、この程度の文章ならみんなにとって読みやすいですよ、という基準を社会で共有することが前提となる。これは個人の裁量ではどうしようもなく、社会的・制度的なバックアップの問題である。実は文章の難易度を測る数式自体はいろいろ提案されているのだが、国が認定して社会に広く通用しているものはない。ここでは、文名詞密度という一文中の名詞の数を数える指標を紹介したい。

国の『在留支援のためのやさしい日本語ガイドライン』では「やさにちチェッカー」という文章判定サイトが紹介されている。文名詞密度は、その中の指標「硬さ」で採用されているものだ。

文名詞密度は、一文当たりの名詞の数で難易度を判定する指標で、筆者が考案して推奨している。この発想自体は決して新しいものではないが、自動計算できるようになったのは最近のことである。いろいろなジャンルの文章を分析してみたところ、この数値は白書や法律といったお役所言葉に敏感に反応することがわかった（表1参照）。お役所文書のリトマス試験紙だと考えている。

Yahoo! 知恵袋	3.8
児童向け作品	4.2
ブログ	4.6
文学作品	4.9
専門家向け作品	11.0
自然科学	8.5
白書	15.5
法律	18.7

表1　ジャンル別文名詞密度

「犬がご飯を食べる」という文には、名詞が2つ（犬、ご飯）である。話し言葉では名詞は一文に2つ、3つくらいで意思疎通をはかっている。そういう目で表1を見てほしい。コーパス（電子化された言語データ）から平均値を出してみると、「Yahoo！知恵袋」や児童向け作品は一文当たり4つ程度の名詞で文章が組み立てられていることがわかる。一方、白書や法律には一文平均で15以上の名詞を詰め込んでいる。文学作品が5以下であることも考慮すると、我々が気楽に楽しんで読める日本語のレベルは文名詞密度5以下あたりではないだろうか。

こういった数値を活用すれば、文章の難易度に制約をかけて、レベル設定をすることができる。筆者が所属する研究チームで文名詞密度を計算するサイトを運営している。興味がある方は、「やさにちチェッカー　シンプル検査版」で検索していただきたい。ウェブ上で文章を貼り付けて診断すれば、文名詞密度の計算が可能で合否判定もでる。

内容の質――内容がそもそも難しい

図11の「内容の質」について考えたい。公用文が扱う内容は、読み手に経済的な負担を与えるものもある。例えば、「来月から後期高齢者の医療負担が上がります」などというお知らせをストレートに伝えたら、苦情の電話がたくさん来るであろう。内容の質の問題は、執筆者にはどうしようもない。年を経るごとに高齢者の負担が増え続けるという日本の制度の問題なのだ。これは第三章で紹介したポライトネス理論で説明ができ

る。相手への配慮をすればするほど、説明が間接的になってわかりにくくなる。ストレートさが苦情につながることがあるため、書き手は慎重になる。

詳細に説明するとわかりにくくなる点も話し言葉と同じである。制度自体が複雑であるゆえに、説明が詳細になってしまうケースもある。例えば都市部では、保育園の入所案内が詳細すぎて読みにくい。こういう人は子どもを預けることができないという条項が目白押しである。条件が一切なく「誰でも入れますよ」と書けるのであれば、文章は超シンプルになる。

高齢者に医療負担を強いる、保育園に入りたい人に幾重もの条件を課す、これらはつきつめれば財源の問題である。お金が関わる制度はわかりやすくするのが難しいのである。内容の質が言語表現の複雑さに影響を与える割合は非常に大きい。

ただし、Aの仲介活動の能力を活用して、なるべくストレートに書く、枝葉末節をカットするという操作は可能である。根本問題は制度自体にあるとしても、諦めてはいけない。

読み手の言語能力

図11におけるBの「言語能力」をここでは考えたい。第一章で紹介したロドリゲス氏や金田《きんだ》一春彦《いちはるひこ》氏は、日本語の特徴として漢字の読み方が複雑なこと（音読みや訓読みのこと）、文字の種類が多いことをあげていた。確かに漢字やひらがな・カタカナ、ローマ字を使い分ける表記は世界でも類を見ないと言える。特に漢字は難しい。漢字や仮名の複雑な体系があったとしても、外国人は一定数日本語が読めると答えている。外国籍住民の調査を図12に示す。第二章で引用した2021年の調査の別項目である。日本語を読む能力に関して、「よく分かる」と答えた5割くらいの人は漢字もそこそこ理解できそうである。さらに、同調査では「やさしい日本語」についても質問している。「やさしい日本語」は振り仮名付きのため、漢字のハードルが低くなる（図13）。こういったデータから、外国人向けの書き言葉においても、日本語をいかにわかりやすくしていくかが大事になることがわかる。

外国人にもわかるような文章を書こう、と言うとき我々は日本人なら読めるけど……というニュアンスを込めている。外国人への配慮は当然必要だが、実は母語話者の読解

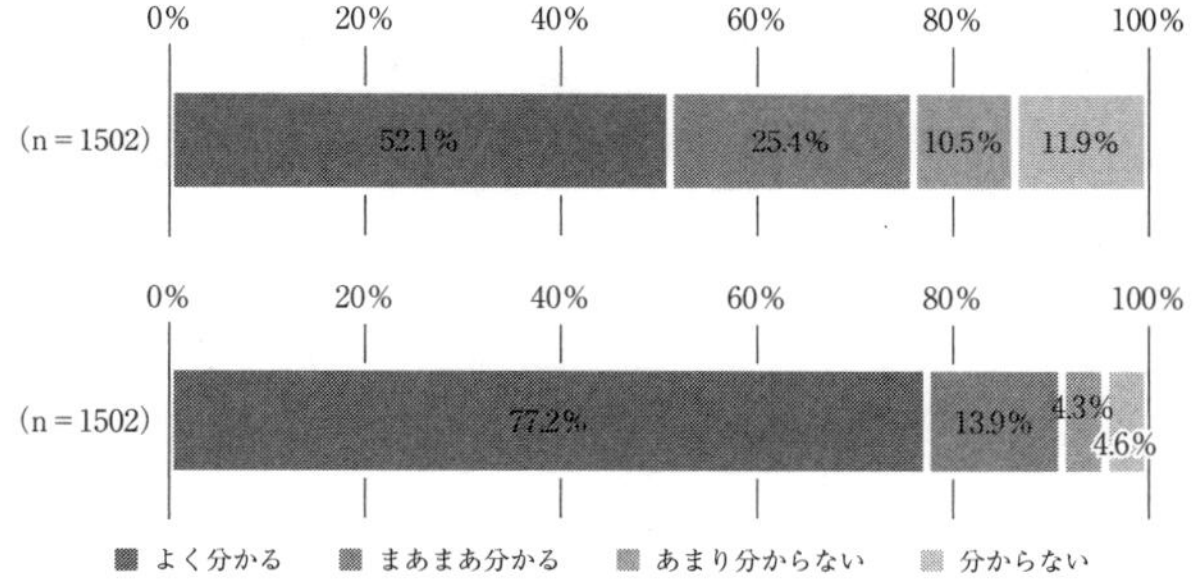

図12（上）　日本語能力［読む］（日本語：単一回答）
図13（下）　日本語能力［読む］（やさしい日本語：単一回答）
出典はどちらも出入国在留管理庁（2021）

能力にもばらつきがあるということを理解しなければならない。言語学者のデイヴィッド・バートンは、読み書きに課題を抱える人がどの社会にも10％程度は存在すると、アメリカ、カナダ、オーストラリア、イギリスの調査を元にまとめている。よって、日本も一定数の文章を読めない人がいるはずである。近年も国内の調査で教科書が読めない中学生が半数いることが話題になっており（第八章参照）、10％どころでは済まないかもしれない。ただ、日本は本格的な識字調査を行っていないため、実態がよくわからない。

解釈を拒否するとき——関連性理論

図11のBが行いうる解釈時の拒否について考え

たい。読みにくい、読解能力が足りない、興味がないなどという理由で、解釈を拒否するということはあるだろう。場の状況を共有していないため、これは簡単に起こりうる。つまり文書を読まずに捨ててしまえば、Bが負担を感じることはない（あとで大きな問題が起きる可能性はあるんだけど）。

Bは単なるメッセージの受け手ではなく能動的な主体であるという考え方は関連性理論で論じられている。ダン・スペルベル&ディアドリ・ウィルソンは、人間を効率的な情報処理装置だと捉えるコミュニケーション理論を提案している。この関連性理論では、人間は自分にとって関連性があると思われる情報に注意を払うと考える。その関連性は利益とコストで計算される。利益とは、今自分が持っている知識が修正されること。ちょっと難しいが、たとえば自分の好きなバンドがレコード会社を移籍するなんていう情報は利益が大きいと言える。一方のコスト、これは心的労力である。本書の流れからすると、読みにくいメッセージはコストが大きいと言える。

関連性理論は話し言葉の分析に用いられるが、書き言葉においても分析は可能である。そして、書き言葉では、コストが利益を上回ることがたびたび起こるのではないだろうか。これが解釈時の拒否である。

筆者はかつて、都内のある地域で自治体の文章について住民に意見を求めたことがある。そこでの回答からわかったのは、読みにくいお知らせは最初から読まないという事実であった。よって行政の情報発信に問題を感じることはないと回答され、妙に納得してしまった。なお、文化庁による『平成29年度国語に関する世論調査』でも、国や自治体の情報を何も読まない人が43・6％いることがわかっている。

役所側からすると、丁寧に情報発信しているつもりでいても、実際は半数くらいの人が何も読んでいないことになる。場の状況を共有しないことも関わっているが、読みにくい文書は誰にも読まれずにゴミ箱に行ってしまうのではないだろうか。

社会的・制度的なバックアップ

公用文の作成において、わかりやすさを支持する文化庁の指針が存在する。古くは1952年の『公用文作成の要領』（以下「要領」）があり、70年ぶりに改定された2022年の『公用文作成の考え方』（以下「考え方」）が現在の方針を示している。どちらも一義的には日本語母語話者を対象としたものである。地方自治体を主体とした公用文改革運動も1970年代後半からさかんに行われており、その取り組みは断続的に各地で続いている。これらが図11にある「社会的・制度的なバックアップ」にあてはまる。これらは法律ではないため、強制力があるわけではないが、取り組みとしては種々がんばっていることになる。

公用文については阻害要因もある。1973年以降運用されている「公用文と法令における表記の一体化」原則である。例えば「売り場」「手続き」という表記が学校で習う送り仮名であるが、法令では「売場」「手続」となる。公用文はこちらに合わせよというのだ。これは紙面における漢字の比率を上げるという点で、文章が硬く見える。

これはあくまで表記の原則であるにもかかわらず、自治体によっては用語の問題として捉えているところがあると思う。つまり、公用文は硬い言葉（法律用語）を用いて書かなければならないという規範を自治体に普及させてしまったのではないだろうか。これはわかりやすさとは相反する発想である。

筆者がわかりやすい公用文を書くための研修を行う際、若い職員さんから、「わかりやすい文章を書くと上司が硬い文章に書き直してしまう」と言われることがある。これは、上司が硬い文章を規範として持っていることを意味している。実際、この手の意見はアンケートにもよく挙がるため、管理職だけ集めて研修をやってほしいという依頼も年に数回はある。

２０２２年の「考え方」では、一般人向け文章には「公用文と法令における表記の一体化」原則を適用しなくてもいいことを示した。よって表記を法令に寄せる必要はなくなった。そもそも法律用語を使うべきだなんていうのは全くの誤解である。また、「考え方」には、「義務教育で学ぶ範囲の知識で理解できるように書くよう努める」という文言がある。国や自治体が出す文章は中学3年生程度の読解力で読めなければならないという建前なのだ。義務教育が済めば、国の情報発信を理解できるという建前は、理にかなっている。現実的に中学生が読めるかどうかは別として。

書き言葉の課題

本章は図11を中心に説明を加えてきた。書き言葉は、話し言葉のようにラリーができないため、不特定多数向けに網を張って情報を発信する必要があった。ここで確認したいのは、書き手が調整できるのは言語表現の複雑さしかないという点である。書き手の仲介活動の能力をフルに作動させて、わかりやすい文章を書くことになる。

一方で、書き手に調整できない要因がたくさんあった。それらは社会や制度と関わっていた。本章では、自治体の公用文改革運動や文化庁の指針など、社会や制度が仲介活動を後押ししうることを確認し、社会的・制度的バックアップと呼んだ。一方で、難易度を測る公式の数値がないこと、内容の質がそもそも難しいこと、「公用文と法令における表記の一体化」原則など、社会や制度の現状がわかりやすさを阻害することも確認した。これらは「やさしい日本語」に対してマイナスに働く。

本書はここまで仲介活動を軸に「やさしい日本語」を分析してきたが、相手に伝わる言語（特に書き言葉）の問題は社会や制度と切り離しては考えられない。次章では「やさしい日本語」をめぐる日本社会の状況を歴史の流れに沿って紹介したい。

第六章　日本社会の変容と言語政策

緊急事態のコミュニケーション

本章では、社会や制度のありかたから「やさしい日本語」を解きほぐしていきたい。日本社会の変容や言語政策を論じることになる。「やさしい日本語」という発想が広がったのは、1990年代の阪神・淡路大震災が契機である。そこでは社会言語学者、佐藤和之《さとうかずゆき》氏を中心としたチームが災害場面における「やさしい日本語」の発案・普及に大きな貢献をされている。

日常生活が通常通りに回っているときは、コミュニケーションは最低限で済む。普段の一日を振り返ってみてほしい。コンビニで買い物をしても、食堂でご飯を食べても、会話はほとんどない。○○カードをお持ちでしょうか？　バッグはありますか？　くらいの会話でやり過ごすことができる。ところが災害が起こると状況は一変する。水はどこでもらえるのか、電車はいつ動き出すのか、避難所はどこか、知りたいことがたくさん出てくる。つまり、コミュニケーションの問題が顕在化するのである。本章ではまず、「やさしい日本語」に関わる動きを三期に分けて見ていきたい。

第一期（１９９０年代後半まで）：黎明期《れいめいき》

戦後から外国人住民の割合が増加に転じる１９９０年代後半までを第一期と呼びたい。図14は戦後の外国人人口を示している。折れ線グラフは日本人の総人口に占める外国籍住民の割合である。戦後から90年代までは、１％にも満たない時期が続くことがわかる。外国籍住民の存在はさほど注目されなかったと言える。さまざまな権利を求めて活動してきた在日コリアンの人々が存在していたことは忘れてはいけないが、全人口に占める割合は非常に低かった。

風向きが変わるのが１９９０年以降である。日系人や技能実習生という形で外国人を受け入れる政策がとられる。背景はバブルによる人手不足だ。労働力不足という日本社会の事情で外国人の受け入れが始まるのだが、日本政府は国内に外国人労働者はいないという立場をとってきた。日系人は日本人の親戚であるため外国人ではない、技能実習

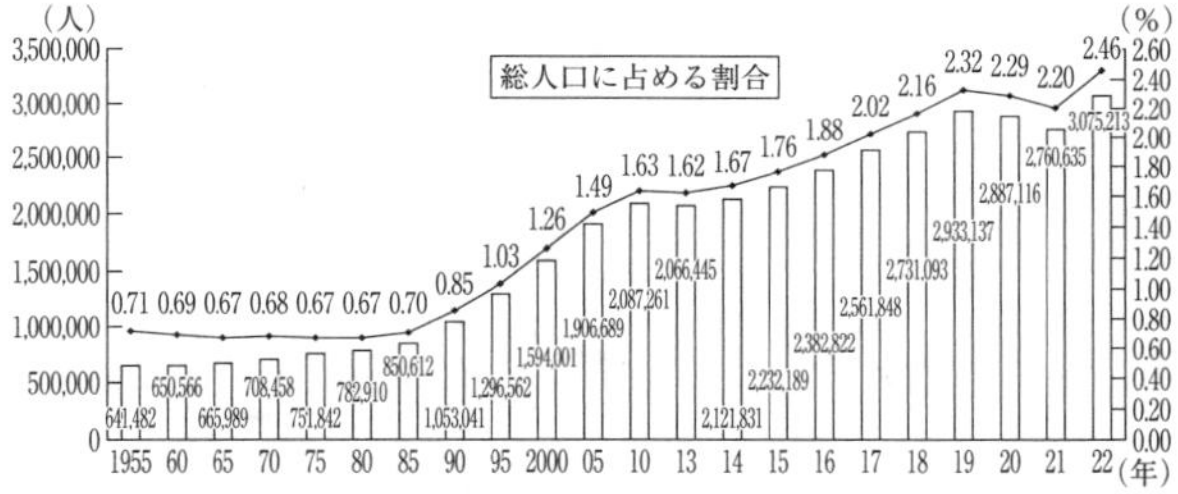

図14　在留外国人数の推移と我が国の総人口に占める割合の推移
(出入国在留管理庁 2024)

生は実習に来ているため労働者ではない、などという理屈である。よってこの時期、国レベルで外国人住民に日本語教育を行うという言語政策はなく、ボランティアによる日本語教室が各地で運営されてきた。

90年代は総人口に占める外国人の割合が増加に転じたことで、日本社会における外国人の存在が少しずつ認知されるようになる。ブラジルやペルーの日系人には顔がアジアっぽくない人も含まれており、これまでとは違う外国人像が日本に生まれることになる。また、ゴミの出し方や騒音をめぐって住民同士のトラブルが行政課題となりつつあった。

そんな中で起きたのが阪神・淡路大震災である。震災後の調査で、外国籍住民のほうが日本人よりも負傷者や死者が多いことがわかった。原因はさまざまであるが、コミュニケーションがうまくいかなかったことも原因の一つとされている。これ以降、外国人被災者にどう対応するか、日本人側が意識することになる。コミュニケーションに関しては、英語がうまく伝わらない点、日本語もそのままでは伝わらない点が明らかになった。そこで、「やさしい日本語」の登場である。

第二期（2018年まで）：自治体主導期

阪神・淡路大震災の後も、外国人住民の増加は続く。全国で均等に増えるわけではないため、自治体によっては外国人住民がたくさん集まり、行政側の対応が迫られるケースも現れた。そういった背景で、2001年に第一回外国人集住都市会議が開かれ、以後継続している。外国人集住都市とは、外国人住民の割合が高い自治体のことで、これらの自治体が定期的に集まって情報交換をしたり、政府に提言を行ったりするのがこの会議の目的である。国の動きが鈍いことが背景にあった。

こういった社会状況で、「やさしい日本語」の取り組みは、地方自治体が地道に進めていくことになる。地方自治体が中心となって動いていたこの時期を第二期と呼びたい。

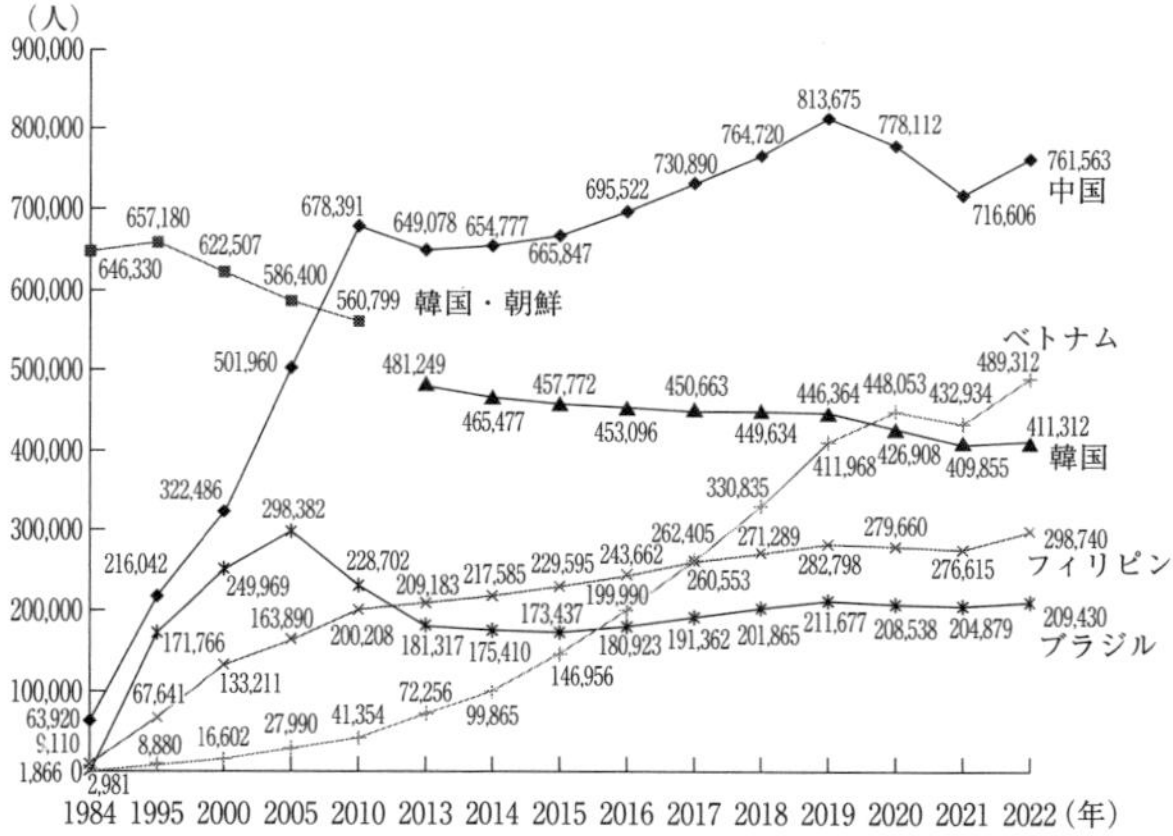

図15　主な国籍・地域別在留外国人数の推移（出入国在留管理庁 2024）

図15は戦後の外国人人口を国籍別に示している。当初、在住外国人と言えば在日コリアン（韓国朝鮮籍）の人々であった。それが、２０００年代に入ると多様化するのが見て取れる。象徴的なのは、２００５年前後で中国人が一位になるところである。日系人の代表、ブラジル人が増え、興行などの資格で入国していたフィリピン人なども加わり、さまざまな外国人住民が各地に住み始めた。国の動きは遅いが、たまりかねた自治体が動き出すことになる。

「やさしい日本語」などの言語政策に絞って注目すると、埼玉県は２００６年にすでに『外国人にやさしい日本語表現の手引』を公開している。ずいぶん早くから外国人への情報伝達に注意を払っていたことがわかる。また、愛知、三重、岐阜、静岡、神奈川を中心に、各自治体はこの時期に活発に動いている。例えば、「やさしい日本語」のガイドラインを作成したり、職員研修を実施したりすることになる。

一般に外国籍住民の割合が総人口の10%を超えると、自治体関係者の意識が変わると言われているが、この時期は日本全体で2%程度である。ただ、地域ごとのデコボコがあるため、名古屋や横浜、東京の区レベルなどでは10%を超える自治体が現れる。窓口の対応をどのようにすべきかといった議論の中で「やさしい日本語」の重要性が再確認されることとなる。

第三期（2019年以降）：国の始動

第三期になると、いよいよ国が動き出す。この第三期開始前の2012年にNHKが「NEWS WEB EASY」を始め、毎日複数のニュースをやさしい日本語で発信する取り組みが始まっている。このNHKの取り組みは「やさしい日本語」を毎日公開して積み重ねていくという点で、非常に大きな影響があったと言える。各自治体の関係者は、いつでも「やさしい日本語」の実践例に触れることができるようになった。そしていよいよ入管政策史上大きな転換期を迎えることになる。

2018年、安倍《あべ》総理大臣が外国人労働者の受け入れを表明した。翌年から特定技能と言われる在留資格で就労目的の外国人が日本にやってこられるようになる。コロナのせいで数はあまり伸びなかったものの、コロナ明けから順調に数が増えている。この在留資格は長期滞在や家族滞在を許可している点がポイントで、子連れの労働者を認めたことになる。また、2017年に始まった介護という在留資格も家族滞在が可能であり、政府の目論見《もくろみ》通り働き手が来てくださることになれば、今後学校現場は対応を迫られることになるだろう（第八章）。

政策として具体的な動きを少し紹介する。2019年に出入国在留管理庁から『生活・就労ガイドブック』のやさしい日本語版『生活・仕事ガイドブック』が公開された。また同年、外国人材の受入れ・共生に関する関係閣僚会議による『外国人材の受入れ・共生のための総合的対応策（改訂）』では、「やさしい日本語」の活用が明記されている。

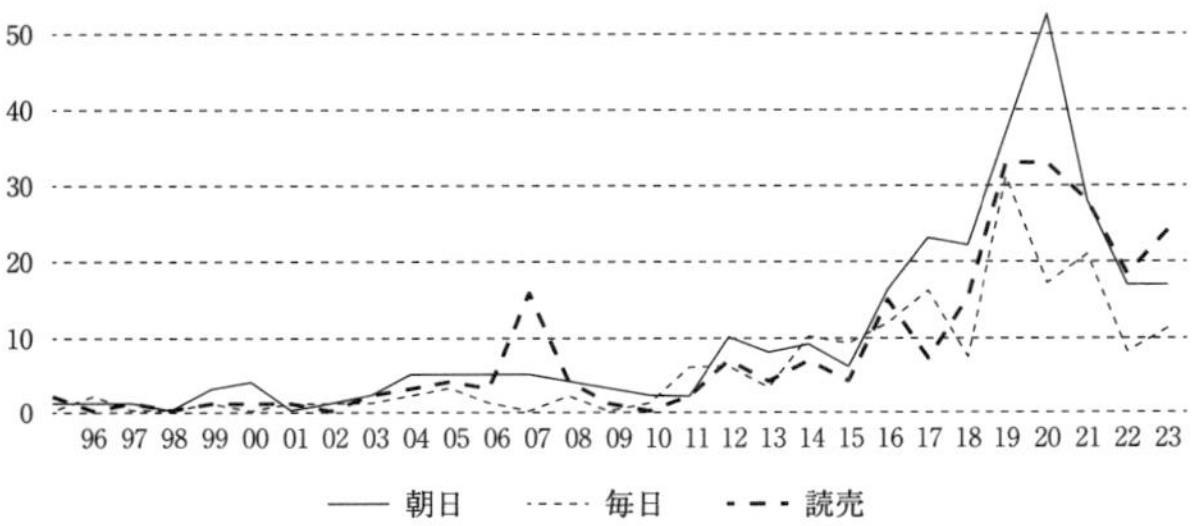

図16 「やさしい日本語」が新聞に出現した数の推移

翌２０２０年には出入国在留管理庁と文化庁が共同で『在留支援のためのやさしい日本語ガイドライン』を作成している。これは書き言葉編であるが、２０２２年にはその話し言葉編も出ている。まさに矢継ぎ早に国の政策が実施され、それに関連して各省庁の取り組みに「やさしい日本語」が活用されるようになる。

図16は筆者が作成した。朝日新聞、毎日新聞、読売新聞三社のオンラインデータベースで「やさしい日本語」というフレーズの出現記事数を数えたものだ。第二期に少しずつ広まってきたこの用語は第三期で爆発的に増えていることがわかる。外国人労働者の受け入れを表明した２０１８年が変化の起点で、各種言語政策の発表と連動して、新聞紙にもこの用語が掲載されてきた。ピークを越えた後も、そこそこの高い数値で安定している。なお、これらの記事

は各自治体の取り組みを扱ったものが中心である。

災害場面の日本語

ここまで三期に分けて、歴史的な変遷を紹介してきた。災害場面で「やさしい日本語」がいかに有効かを考えるには具体例が一番良い。例えば、弘前《ひろさき》大学の研究チームが公開していたパンフレットには、留学生を対象とした実験の結果が紹介されていた。日本語の表現を変えることで、正しく反応できる留学生の割合が大きく高まったという。

・頭部を保護してください。　10・9％
・帽子をかぶってください。　95・2％

「頭部を保護する」という表現よりも「帽子をかぶる」のほうがわかりやすい。この点は読者のみなさまも理解しやすいのではないだろうか。漢語を和語にするという操作が行われているのだが、それ以上に、行動を具体的に指示することで、聞いた人はすぐに動けるようになる。以下のフレーズは避難所で使われていたという。

容器をご持参の上、ご参集ください。

ぜひ声に出して読んでいただきたい。耳から聞くと非常に難解である。「お皿を持って来てください」と言えば、多くの外国人はすぐにわかると思う。状況によっては「コップを持って来てください」でもよい。尊敬語をとっぱらうことで表現はわかりやすくなる。また、ここでも、容器→お皿のような具体的に言う技術が効いている。

東日本大震災では、津波の被害があった。地震の後に津波が来るという予測は、外国人には難しい。そんな中、以下のようなフレーズが飛び交っていたという。

高台へ避難せよ。

これも、「高いところへ行ってください」とか「山に行ってください」のように、言い換えるとずいぶん伝わりやすいのではないかと思う。当時地震を体験したフィリピンの方のお話を伺ったことがある。「タカダイ、タカダイを何回も言われたから、陸前高田に向かったわよ」と言っておられた。陸前高田は海方向だったため、みんなが必死で止めにきて意味がわからずパニックになったそうだ。「タカダに行けって言ったのはそっちでしょ！」という心の声が聞こえてきそうなエピソードである。

このように災害場面における日本語の具体的なフレーズを見ていくと、「やさしい日本語」の効果が実感してもらえるのではないだろうか。災害場面に中心となって活躍するのは地方自治体の職員さんたちである。そういう人たちは、日ごろから丁寧な対応を身につけており、漢語を多めに入れ、尊敬語と謙譲語をばっちり使いこなしている。この話し方は役所の課題である。いずれにせよ、ここまで見たように、象徴的なフレーズを例示することで、「やさしい日本語」の重要性は徐々に広がってきたと言える。

やさしい日本語とプレイン・ジャパニーズ

災害場面でその効果を認知された「やさしい日本語」は日常的な書き言葉でも活用さ

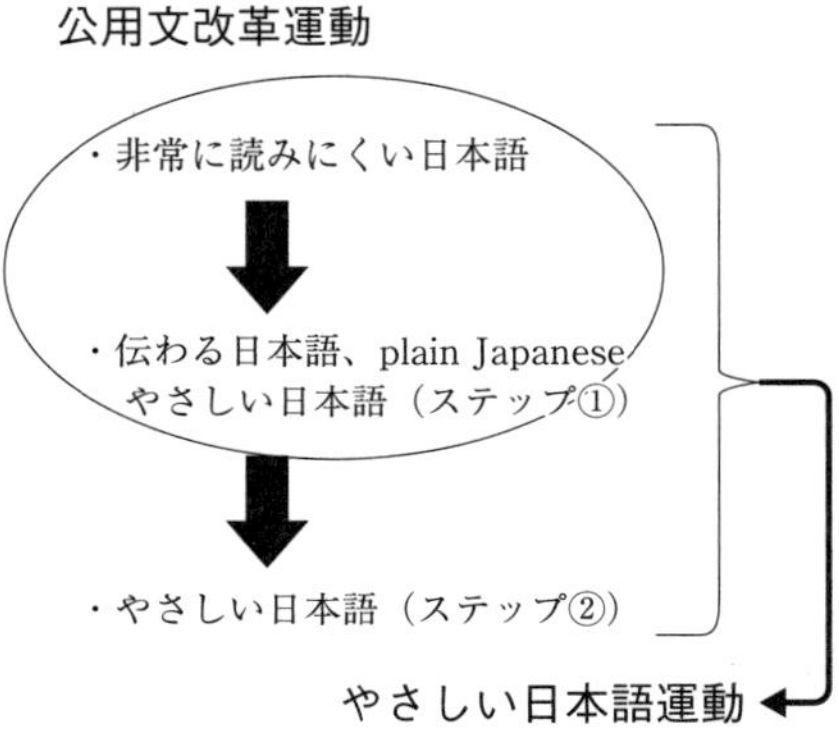

図17　公用文改革運動と「やさしい日本語」運動

れるようになってきた。一方、第五章で紹介したように日本人向けの公用文改革運動も１９７０年代から実施されていた。この公用文改革は、外国人支援のための「やさしい日本語」運動と並走したり、合流したりする形で展開している。

　そうなると今度は、母語話者向け公用文改革と外国人向け「やさしい日本語」をしっかり区別したほうがいいという議論が出ることになる。前者を伝わる日本語、プレイン・ジャパニーズ（plain Japanese）などと呼び、後者の「やさしい日本語」とは区別しようとするものである。『在留支援のためのやさしい日本語ガイドライン』（２０２０年）は、「やさしい日本語」をステップ①とステップ②に分けている。ステップ①は従来の公用文改革運動と同じで日本語母語話者向けの取り組みである。まとめると図17のようになる。

公用文の書き換えに長く関わってきて筆者が実感することは、ステップ①が大変だということだ。ステップ①で日本人がさらっと理解できる文章構造になっていれば、それを外国人向けに書き換えるのは骨ではない。書き言葉の「やさしい日本語」は、日本人をターゲットにしたものであると言える。ちなみにステップ②は、受身文は避ける、難しい単語には配慮をする、和暦は西暦にする、漢字に振り仮名をつけるなど、機械的に対応できるものが多い。

戦争とコミュニケーション

戦争中の取り組みは「やさしい日本語」を考える上で示唆的である。緊急事態という意味では災害場面との共通点は明らかだ。日中戦争が泥沼化する中、日米開戦へと進んだ日本は、兵士の動員数を増やしていくことになる。当初は学歴がしっかりある兵士が中心であったが、次第に学力(特に読解能力)の低い兵士が戦地に派遣されるようになる。

一方、日米開戦と同時に東南アジアに占領地を広げていった日本は、各占領地からも兵士を動員しなければならなくなる。多国籍軍隊の養成が喫緊の課題となった。それまでも台湾や朝鮮半島からの徴用は行っていたものの、ある程度の教育期間を経ていた。だが、東南アジア占領地から徴用すれば、当然日本語があまりわからない兵士を抱えることになる。

この二つの動きは、日本語力の低い兵士という共通点がある。戦争において武器の扱いはマニュアルで提示されるが、それが理解できないと現場は混乱する。これは軍隊にとって一大事で、武器のマニュアルを中心とした日本語簡易化の指示が国から出されることになる。このあたりの事情は、日本語教育の歴史を研究している多仁安代《たにやすよ》氏の書籍に詳しい。情報伝達をわかりやすくするという点では、現在の「やさしい日本語」に通じる政府の動きである。

武器のマニュアルとは異なるが、別の文書でも同じようなことが起きている。当時大政翼賛会によって発行された小冊子『戦費と国債』などは、非常にわかりやすく書かれている。手元にあるので少し引用する（漢字・仮名遣いを書き換えている）。

国債がこんなに激増して財政が破綻する心配はないか
国債が沢山増えても全部国民が消化する限り、すこしも心配は無いのです。（以下略）
こんなに国債が増加しては将来国債の元利金を払わなくなる心配はないか
国債は国の借金ですから、国家の続く限り元金や利子を支払わないということは絶対にありません。

非常に明快である。日本の国債は絶対に安全だと言わねば誰も買わない。

一方で、戦争中はメディアも日本語の難易度を調整していた。新聞は1940年代、戦況報告が難解になっていったことが知られている。連戦連敗の日本軍は、そのまま記事にすれば国民が戦意を喪失してしまう。よって、なるべくわかりにくいように記事を書いていた。

ここで確認したいことは、文章の難易度が社会状況の影響下にある点である。武器のマニュアルなど伝わらないと意味がない文章は簡単になる。一方で、知られるとまずい情報はわかりにくくなっていた。緊急事態のコミュニケーションから学ぶことは大きい。

戦後につながる動き

この時代、東南アジア占領地への日本語教育実践が広がり、結果的にその知見が戦後の言語政策を方向づけることになった。日米開戦以降、一気に占領地が広がったため、教育の内容をどうすべきかという議論が熱心に行われた。当時の空気を月刊誌『日本語』（1941年創刊）から感じることができる。文字表記については、旧仮名遣いをやめるべきか、漢字の旧字体はどうすべきか、といった議論がなされている。

大雑把に言ってしまえば、伝統重視の役人などが旧仮名遣いと旧字体を支持、占領地の教育に関係している人は新しい仮名遣い（音と文字が接近するもの）、新字体を支持している。ちょっと想像すればわかることだが、各地の日本語教育機関で「チョー」という音声に「てふ」という文字をあてて教えるのは大変である。「藝術」よりも「芸術」のほうが、まだとっつきやすい。こういった現場のニーズが、新仮名遣い、新字体を推進する動きとなる。

東南アジアの各占領地は数年で終わってしまうが、当時の議論は戦後の言語政策の下地を作ったと言える（GHQの影響は当然あるが）。旧仮名遣いを廃した「現代かなづかい」は1946年年に出ており、旧字体を改めた「当用漢字字体表」は1949年である。違いが大きいものに絞って具体例を少し紹介する。

・現代かなづかい　例　てふ↓ちょう、せう↓しょう、ぐわう↓ごう、らふ↓ろう
・当用漢字字体表　例　藝↓芸、廣↓広、聲↓声、臺↓台、戀↓恋

戦後まもなくの時期にどちらも、わかりやすい方に言語政策が動いている。英語のように音と文字を一致させないという言語政策もありえたはずなのに、戦後の日本はわかりやすい方向へと動いた。現在のように日本国内に外国人が増えたという状況ではない。ただ、日本の領土という概念が拡大して、結果的に日本の範囲に様々な言語を話す人々が含まれることになった。そういった社会状況は、わかりやすさの方向に働く。

歴史から学ぶべきこと

「やさしい日本語」の推進に大きく関わっていたのは阪神・淡路大震災であった。また、太平洋戦争中にも同様の動きがあった。つまり、緊急事態になると言語なんて伝わってなんぼという発想のスイッチが入るのであろう。なりふり構わず、伝達効率を考えるようになる。これは、社会的なバックアップと言い換えてもいい。個人が仲介活動を駆使して「やさしい日本語」を広めようと思っても、社会や制度による支援がないと限界がきてしまう。

１９９０年以降在住外国人の増加や多国籍化が進んできた。これも社会的な要因によるバックアップで、日本社会に外国人の存在が知られていく。結果として、制度的なバックアップが整備されてきた。「やさしい日本語」の推進は、社会や制度と切り離しては実施できない。現在、外国人労働者をどんどん増やしていこうという社会的状況にあり、「やさしい日本語」普及のタイミングとしてはとてもいい時期にいる。

第七章　海外でも公用文は読みにくいのだ

公用文はどこの国でも読みにくい

社会的・制度的なバックアップの重要性をここまで論じてきたが、海外ではどうだろうか。書き言葉、特に公用文が読みにくいのは外国でも同じであり、各国で解決すべき課題となっている。その証拠に各国は公用文をわかりやすくするためのマニュアルを作っている。筆者の手元にあるものだけで、日本以外にアメリカ、韓国、中国版がある。以下に共通点を挙げる。

・一文を短くする（連体修飾を短くする）
・受け身を使わない
・専門用語（外来語）を避ける

表現は違えど、各国ガイドラインで似たような指摘をしている。言い換えれば、公用文はどの国でも一文が長くなる傾向があり、受け身で間接的な言い方になり、専門用語や外来語を多用して難しく書いてしまうということだ。少し説明しておくと、連体修飾とは「妻が引き取ってきた犬が毎晩私に吠《ほ》え立てる」の傍線部で、「犬」という名詞部分を詳しく説明する箇所のことである。公用文はここが長くなる傾向がある。

日本のガイドラインでは漢語をできるだけ使わないように指示している。漢語は日本独自の指摘のようにも見えるが、中国から来た外来語である。他の国でも外来語は避けるようにという項目がある。

ＳＤＧｓの成功

海外におけるわかりやすい情報発信ということで、まず頭に浮かぶのはＳＤＧｓ（持続可能な開発目標）であろう。そこでは、具体的な17の目標を立てて、「誰一人置き去りにしない」世界の実現を目指している。例えば、ＳＤＧｓの③番「健康と福祉の推進」、④番「公平で質の高い教育」などは、公的な機関の情報伝達に大きく関わっている。役所の情報発信は、広くとらえれば、健康や福祉に関わるものが圧倒的に多い。病院、学校関係の情報発信も③、④に関わる。役所、病院、学校における情報発信は、わかりやすくしなければならない。伝わらない難解なお知らせは、理解できない人が取り残されてしまうからである。

理念を世界中の人に理解してもらうには、SDGsの内容自体をわかりやすくしなければならない。この点、国連は非常に戦略的で、組織的にわかりやすい情報発信を実施している。SDGs関連ウェブサイトを見ると、エッセーの中で「SDGsの成功は、我々がうまく伝えられるかどうかにかかっている」という指摘に続き、アニメの利用なども必要だとしつつ、プレイン・ランゲージ（plain language）の活用を提案している。

SDGsの取り組みは、わかりやすい情報発信（プレイン・ランゲージ）による伝達効果の高さを証明した。あれだけ複雑な話を、17種類のカラフルなアイコンに落とし込んで、シンプルに見せるという手法自体が、まさにプレイン・ランゲージの実践例である。そして現在、日本の地方自治体の津々浦々までこの理念が広がっている（少なくともあのカラフルなポスターが貼ってある）という意味において、情報伝達の成功例であると言える。情報を多くの人に伝えたいと考えるなら、まずはわかりやすい情報発信を心がけねばならないという意識がＳＤＧｓの担当者からは感じられる。

アメリカの公務員が使ってしまう難解英語

公用文の話に戻そう。公用文が読みにくいという問題は、アメリカでも同じである。ウィリアム・ラボフという言語学者が協力者のウェンデル・ハリスといっしょに興味深い報告論文を書いている。１９８２年、アメリカのペンシルベニア州での出来事だ。当時、州が財政難にあって、低所得者への援助（生活保護費のようなもの）を削減しなければならなかった。そこで、現在この援助を受けている人たちを2グループに分けることになった。片方のグループは、１７２ドル（／月）の支給を継続して受けられるが、もう一方のグループは90日で打ち切られてしまう。ちなみに福祉局から郵送される通達では、前者はchronically needy（慢性的に貧しい）、後者はtransitionally needy（過渡的に貧しい）と呼ばれていた。通達を受け取った受給者は異議申し立てをすることができる。

この通達をラボフたちは分析して、弁護士と一緒に異議申し立てをすることになる。そもそも言語表現が回りくどい。「働くことができる人」を'not limited in employability by their circumstances'などと言わずに'able to work'と言えばいい、などという提案をしている。また、chronically needy と transitionally needy という用語は、難解である上に両者の違いがわかりにくい。定義では、「年齢、身体的、あるいは精神的ハンディキャップ、あるいはほかの限られた状況」が区別の基準になっているという。

年齢って何歳なの？　ほかの限られた状況って何？　論文ではこれらを人々がどう理解するのか調査した。結果、「年齢」は読み手によって45歳以上から65歳以上まで幅広く解釈された。「ほかの限られた状況」は、ドラッグ、母の病気、骨折などこれも解釈が広くなされた。つまり、あいまいな用語が解釈の幅を与えてしまって定義としては成立していないことがわかった。結論としてこの通達は受け取った読み手が正しく行動できないことを証明した。

通達をシンプルに書き直して送ったところ、異議申し立ては300件から1万件以上になったという（ただし、配布量が違うので単純に比較はできない）。根本問題が財政難である以上、異議申し立てが1万件来ようが、ほとんどが却下されてしまったのではないかと思うのだが、シンプルな言葉は伝わるということを表すよい例かと思う。日本もアメリカも、言いにくいことはぼかすんだなと感慨深くこの論文を読んだ記憶がある。アメリカ人ははっきりものを言うだなんて大ウソじゃないか。

わかりやすさが問題になっているのは日本だけではないことを確認した。この報告が興味深いのは、文書が読みにくいというだけの問題に弁護士まで巻き込んで大騒ぎしているところである。逆に言えば、それだけ難解な公用文の問題は社会的な課題として認知されているのだ。

アメリカの大統領は意識が高い

アメリカでは、政府文書をわかりやすくすべく、カーター、クリントン、オバマという3人の大統領が積極的に取り組んできた。カーター氏は大統領令という形で"plain English"を打ち出し、クリントン氏は大統領覚書という形でわかりやすい情報伝達の重要性を示した。そしてオバマ氏在任中の2010年に"Plain Writing Act of 2010"として法制化に至る。そもそも、国民の識字率の低さに関する問題意識がアメリカでは強い。政治家のスピーチにたびたびこの問題が取り上げられている。

興味深い点は、コストカットの議論と文書改革をいっしょに論じているところである。公用文をわかりやすくすることで、文書を減らして行政改革につなげられるとしている。実際にわかりやすいお知らせは、市民からの問い合わせが減るため、その分の電話対応時間などがなくなる。これはコストカットに他ならない。

文章の難易度を数値化する試みが、ある程度定着している点もアメリカの長所であろう。英語の難易度を100点満点で評価する計算式FREは、社会である程度共有されている。FREは、一単語の長さと一文の長さを変数とした非常にシンプルな公式である。計算式は「206.835－1.015×（1センテンスあたりの平均単語数）－84.6×（1単語あたりの平均音節数）」となる。

この数値を学年別に換算したものはFKGと呼ばれ、より直感的に難易度が測れるようになっている。みなさんも「この文章は、小学校5年生レベルですよ！」と言われると難易度が直感的に理解できるのではないだろうか。

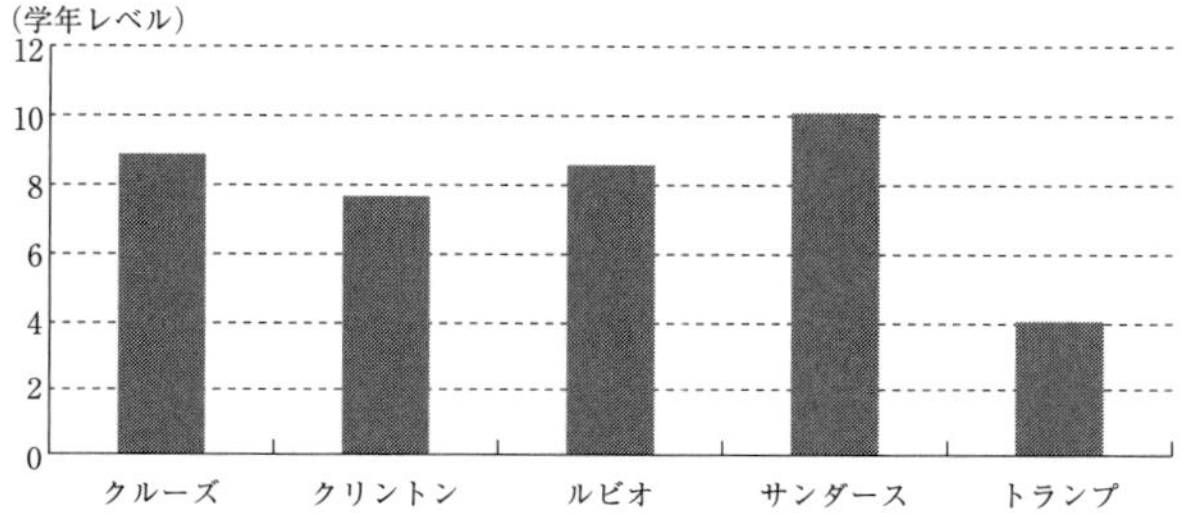

図18　アメリカ大統領候補者の2015年スピーチ分析（カーネギーメロン報告書）

なお、FREで、60〜70点を取ると中学校2〜3年程度となり、標準的な難易度であると評価される。アメリカでもやはり中学卒業レベルが文章作成の目安である。ただし、数値化されているだけあり日本よりずっと具体的である。ボストングローブ（新聞）は、このFKGを用いて大統領候補者のスピーチを分析している（図18）。

これを見ると、トランプ氏は当時の演説で群を抜いてわかりやすい話し方をしている。日本で言う小学4年生レベルの文章構造である。彼が選挙で多くの支持を集めた事実からも、わかりやすさによる伝達力の高さを感じられるのではないだろうか。

アメとムチによる公用文改革

社会学者、角知行《すみともゆき》氏がまとめておられる書籍などからアメリカの制度を見ていると、褒賞制度をうまく使っているなあと感じる。まず、文章の難易度をチェックする組織が存在する。そして、各部署の取り組みを評価することができるのである。例えば、No Gobbledygook Awardsという賞を設けて、わかりやすい文章を表彰していた時代がある。Gobbledygookとは「難解な公用文」を指す名詞である（元の意味は、「七面鳥のクソことば」）。日本でも町田市のように市長主導で文章を書き換えて、よい文章を書いたチームには賞を与えるというプロジェクトを実施している自治体がある。職員の意識改善には大変有効であると言える。

褒賞制度と逆の発想だが、罰金の制度もある。州レベルの取り組みで、１９７８年にニューヨーク州で消費契約に関連する文書を対象として一般債務法にプレイン・ランゲージの使用要請が入った。しかも50ドルの罰則付き。つまり、賃貸契約などの書類をわかりやすく書かないと罰金が発生することになったのである。罰則は非常に効果があると言われている。

これらの制度を支えているのは、文章を評価する機関の存在である。１９９６年にアメリカでは政府内にプレイン（＝PLAIN: The Plain Language Action and Information Network）というプレイン・ランゲージ推進のためのＮＰＯが設立された。省庁へのガイダンスや褒賞制度を実施して、ある程度の成果が得られたとされている。このプレインが元になり、２０００年代にプレインランゲージセンター（Center for Plain Language）という組織が立ち上がり、各省庁の文章を評価している。

ドイツの取り組み

「やさしいドイツ語」については、本書で三度目の登場、木村護郎クリストフ氏の論文を元に論じる。自治体のウェブサイトを見ると、日本の場合は外国語に並んで「やさしい日本語」の選択肢がある。一方ドイツは、言語の並びではなく、バリアフリーなどの別のアイコンからLeichte Sprache（やさしいドイツ語）がGebärdensprache（手話）などと並んでいるようだ。ここからわかるように、ドイツの場合は社会福祉色が強い。学習障害者などを念頭に置いている。よって、「やさしいドイツ語」は、ドイツの障害者平等法（２００２年制定）などの法律で規定されている。

日本の「やさしい日本語」は、出入国在留管理庁が文化庁と共にガイドラインを作っていることから、外国人の在留管理や多文化共生の管轄である。一方ドイツでは、厚生労働省に当たるところが担当している。日本もドイツもウェブサイトに「やさしい○○語」というスイッチがあることは共通しているが、理念や歴史的経緯がずいぶん異なるということになる。

興味深いことに、「やさしいドイツ語」への翻訳業務を行う組織がある。わかりやすく書きかえることが翻訳者の資格の一つになっているようだ。どの程度実働しているのかはわからないが、翻訳という位置付けはCEFRにおける仲介活動の定義に通じる。また、「やさしいドイツ語」は認証制度があり、そのためには学習障害者である当事者のチェックを受けねばならない。言語品質の検査官を当事者がすることで、雇用が生まれることになる。

ちなみに外国人を意識したわかりやすい文章は、「平易なことば」(einfache Sprache)と呼び、公用文に特化したわかりやすい文章は、「市民に近い行政のことば」(bürgernahe Verwaltungssprache)として区別している。公用文に関しては、ドイツ語協会から派遣された人がドイツ連邦議会内におり、文章をわかりやすく手を入れていく体制ができている。ドイツでは、「やさしいドイツ語」にあたる用語が三種類もあることになる。

さまざまな制度が整っている印象を受けるが、ドイツは識字率の低さを社会問題として早くから把握していたことが背景にある。2000年代前半、テレビの公共広告として「ドイツには正しく読み書きのできない人たちが400万人以上います。私たちが助けます」という非識字者を支援するコマーシャルが頻繁に流れていたとドイツ語学者、西嶋《にしじま》義憲《よしのり》氏の論文に書かれている。社会的な課題が共有されているということは大事だと思う。

識字率の低さは認識するかどうかが問題だ

少し日本社会の状況を追加したい。アメリカやドイツでは識字率の低さを社会が認識し、行政課題になっていることを見た。つまり、社会に読み書き能力の低い人が多くいるという認識を共有しない限り、文書をわかりやすくしよう！　という気運は起こらない。第五章で紹介したように、日本社会にも一定数、読み書き能力の低い人がいるはずだ。しかし日本の政治家などは、識字率がほぼ100％であるという言説を（日本の教育制度を誇る文脈で）行うことがあり、これが我々の現状理解を妨げている。

欧米各国は自国の識字率の低さを冷静に受け止めている。例えばアメリカでは、１964年に経済機会法の一環として成人基礎教育が位置づけられて以来、コミュニティカレッジを中心に識字活動が活発に行われている。一方日本の文部省はこの年、ユネスコの調査に対して、「識字の問題は完全に解決済みである」と回答している。続けて、識字のための施策をとる必要は全くないと述べている。識字率100％の神話はずいぶんと根が深い。この識字率100％の神話については、本章二度目の登場、角知行氏が著書で丁寧に論じている。

実は日本は、1948年に国民の大規模識字力調査を行っている。そこで、literacyを持つと言えるものは6・2％にすぎないという結果になっている。ここでいうliteracyは「社会で生きていくための読み書き能力」を指す。ところが、この用語「literacy」がくせもので、「識字」と訳してしまうと漢字の字面から文字を認識できる能力だと誤解する人が出てくる。ひらがなが少しはわかる人を抽出すれば、1948年の調査でも識字率はほぼ100％となってしまうのだ。ここからボタンのかけ違いが起こっている。なお、日本はこれ以降大規模な調査を行っていない（1955年に小規模な調査は行っているが）ため、現在の実態はよくわからない。まずは実態を明らかにしないといけない。

社会的・制度的なバックアップの整備にむけて

第六章と第七章をまとめて、日本の制度として学ぶべき点をまとめる。社会的・制度的なバックアップはどうあるべきかを論じたい。

第一は、わかりやすさを支持する言語政策の必要性である。日本にはガイドラインがあるものの法律ではない。強制力もなく具体的な働きかけには至っていない。もう少し各省庁が動くような仕組みが必要である。例えば、アメリカやドイツのように独立した文章チェック機関を設置できれば、公用文は必ず読みやすくなる。筆者も文章を書くときは、編集者にチェックしてもらって修正をかける。そういう仕組みが公用文にもあればいいと思う。ついでに、アメリカのように各省庁の文章を評価して賞を与える仕組みは刺激になるだろう。

第二は文章の難易度を数値化した尺度の制定である。アメリカのFREのようにある程度共通尺度として文章の難易度を測れるようになれば、各省庁に点数をつけることができるようになる。文名詞密度も悪くないと思う。

第三は、国民の読解能力の把握であろう。アメリカ・ドイツの例を見ると読解能力の把握だけではなく、それを広く社会課題として共有することも大事だと感じる。日本人（成人）の平均読解能力だけではなく、中学三年生の能力も明らかにする必要がある。義務教育修了レベルの読解能力を、文章の難易度数値と紐《ひも》づけて具体化する必要がある。これがない限り、わかりやすく書きましょうなんていうのは絵に描いた餅に近い。

第八章　病院や学校の「やさしい日本語」

役所だけじゃない広がり

第六章で見たように、「やさしい日本語」はまず地方自治体が先頭に立って普及活動に取り組んできた。特に書き言葉に力を入れていた。その後国も動き出し、役所での活用を後押ししてきた。ただ、外国人住民対象の調査を見ると、日本語コミュニケーションで困っているのは役所だけではない。困っている場所は、役所、病院、学校の三本柱である。本章では病院、学校における「やさしい日本語」の実情を紹介したい。

病院の日本語の難しさ

病院の日本語が難しい、と言われるとき、それは外国人だけの問題ではない。日本語母語話者にとっても難しいのだ。医療現場は、病状の説明、複数の治療方法の提示など話す内容自体が複雑である。つまり、内容の質が複雑なので、そこをわかりやすくするのは簡単ではない。

医師の天野雅之《あまのまさゆき》氏は論文の中で、ある医師の説明は、他の科の医師にとっても難解なことがあるという。そこに問題を感じて、医師によるわかりやすい情報提供の必要性を説いておられる。

天野氏によると、医師は「病気マニア」で病気に詳しい。一方で、今後の病状の変化などは断定できないという医療現場の不確実性が存在する。よってついつい冗長な説明をしてしまったり、あいまいな言い方になってしまったりするという。それでも、診療方針を決めるという目的のために必要な情報を再編してわかりやすく伝える努力は可能であると指摘している。内容が複雑だからと言って諦めてはいけないのだ。

書き言葉も難しい。例えば、大きな病院などで提示される研究協力承諾書などは分量が多い。また、厳しい倫理規定を元にしているため、書きぶりが複雑になる。一方、衰弱している患者は、普段よりも認知能力が落ちているので、言語能力が低くなっている。

このように、医療の現場は内容の質、患者の言語能力などが原因となり、メッセージの解釈を困難にしているため、医療関係者の仲介活動の能力だけに責任を求めることはできない。それでもまずは日本語母語話者に伝わるような努力が必要になる。その上で外国人対応を考えていくことになる。

外国人対応のポイント

受付などでやりとりをするときのポイントは、他の公的機関の窓口と同じである。「やさしい日本語」を活用すれば、スムーズに対応できる。尊敬語や謙譲語の使用を避けて、漢語をなるべく使わずに対応したい。ただ、医療的な話になってくると状況が変わる。

問診票を書くとき、「脳梗塞、高血圧、糖尿病、高脂血症、痛風、心不全、肝硬変」などの定番語彙がある。そのままでは非常に難しいのだが、日本語で説明しても複雑になってしまう。こういう語彙は翻訳したほうが早い。外国語訳をつけた一覧表を用意しておく、または自動翻訳ツールで単語を訳して見せるなどの工夫が必要であろう。

オノマトペも伝わりにくい。「ズキズキ、フラフラ、ムカムカ、ヒリヒリ、ゾクゾク、ゴホゴホ」などの言葉である。患者が症状を伝えるときや、医師から確認するときに使われる。これらの語彙は外国の言葉にぴったり翻訳できないものも多く、習得が難しい。また、日本語教育の課程でもしっかりは習わないため、外国人にはまず伝わらない。医療者側としては、なるべく使用を避けることをお勧めしている。どうしても使いたい場合は、意味と例文をセットにして丁寧に紹介しないと伝わらない。

例えば、「ガクガク」は、「関節が安定せずに動いているように感じる」という意味があるが、これだけでは難しい、加えて「長い坂を一気に駆け下りたら、膝がガクガクする」のような例文を提示するとなんとなく使い方がわかる。相手の能力次第では、意味と例文を翻訳して伝える必要もあるだろう。現場でそこまで時間をかけてはいられないだろうから、使用を避けるほうが無難である。

医療現場は、検査結果やレントゲン写真、模型など、実物を見せながら説明する場面も多く、モノを使ったコミュニケーションと相性がいい。積極的にモノを利用することでわかりやすさは調整可能である。「1回に、錠剤を2錠、粉薬を1袋飲んでください」と言うときも、錠剤と粉薬の実物を見せながら話せば、ずいぶんわかりやすくなるはずだ。診療科によってある程度説明内容が決まっているため、必要なものは準備しておくとよい。

なんでもかんでも日本語で突き通せばいいというものではない。複雑な病状を説明しなければならないとき、インフォームドコンセント（説明を受けて納得したうえでの同意）のような丁寧な説明が必要なときは、通訳を交えたコミュニケーションに切り替えるなど適宜判断が必要である。医療現場の「やさしい日本語」については、医師の武田《たけだ》裕子《ゆうこ》氏が中心となり書籍にまとめている。

医師の意識

『日経メディカル』が2022年に行った調査を紹介したい。医師8882人に「やさしい日本語」の認知度を質問したところ、「聞いたことがない」が61・1％で、「聞いたことはあるがよく分からない」が19・9％であった。両方を足すと8割を超える（図19）。続いて「外国人診療で最も役に立つ言語は何語だと思いますか」という問いに87・1％が「英語」と答えている。

つまり、8割以上の医師は日本語の伝達能力を認知しておらず、9割弱の医師は英語

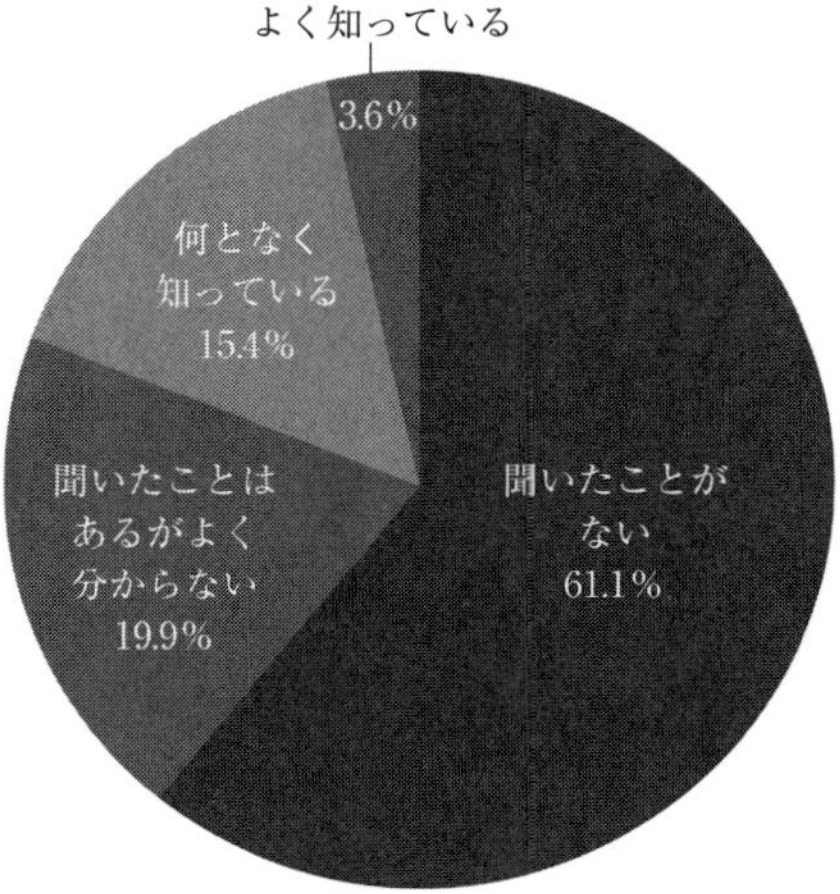

図19 「やさしい日本語」に関する医師の認知度（今満《いまみつ》2022）

で外国人との意思疎通が可能だと考えていることになる。すでに論じた通り、世界で英語が通じる人は2割以下であり（第二章）、実態とはずいぶんかけ離れている。この状況ではなかなか外国人患者との意思疎通が難しい。

一方、病院は医師だけで回しているわけではない。例えば、医師が難しい説明をしたとき、その後で看護師が再度患者に解説をすることはよくある。つまり、医師の説明が難しいなあと判断した場合に看護師が仲介活動を行っているのだ。患者さんが外国人じゃなくてもこの仲介活動は必要になる。

医療現場への普及活動

医療分野における普及活動には、医療×「やさしい日本語」研究会が積極的に関わっている。東京都の補助金を受けて無料研修などを行ってきたが、現在は順天堂大学のプロジェクトとして動いている。まずは、「やさしい日本語」を知ってもらうことが大事なので、ユーチューブ動画を各種作って公開している。【基礎編】では外国人を取り巻く基礎情報をまとめている（その映像でしゃべっているインチキ臭い男が私です）。また、場面別に具体的なやりとりを紹介している映像も各種ある。

ユーチューブを開いて「医療　やさしい日本語」で検索するとヒットする。また研究会のウェブサイトにはよく使うオノマトペの意味と例文、及びその各種言語訳を公開している。興味がある方は一度ご覧ください。

学校の「やさしい日本語」

２０１９年の入管法改正で大きなポイントは、外国人労働者の受け入れを認めた点である（第六章参照）。この改正では、子どもを連れてきてもいい在留資格が新設された。これまでブラジル人などの南米系日系人、日本人の配偶者が多いフィリピン人など、子どもを連れている外国人は限定的であった（それでも一部の地域の学校関係者は外国人児童生徒の受け入れのため多大な努力をされてきているのだが……）。

これから新制度を活用して子連れの外国人労働者がたくさん来日されるとなると、まず学校が多文化共生の荒波にもまれることになる。接触場面が間違いなく増大する。外国人労働者を受け入れる職場は、自分たちで能動的に呼び込むわけだから、準備をしてから呼べばいい。しかし、その子どもたちを受け入れる学校は、どんな言語話者がいつから何人来るのか完全に予測することはできない。

教室内のことば

学校の先生は、もともと仲介活動の能力が高いのではないだろうか。常に子どもに合わせて話し方を調整しているからだ。アコモデーション理論で言うところのコンバージエンスを日常的に行っている。筆者が見学した中でも、外国人児童生徒の対応が上手だなあと思う先生方はすでにいらっしゃる。これから本格的に外国人児童生徒が入ってくると、最初は手探りであろうが、先生方が新たな調整に慣れれば対応は可能だと思う。

教室内の言語活動を考えたい。もともと子どもたちと付き合っておられる先生方が、複雑な言語構造で話をするとは考えられない。よって、気を付けるとしたら語彙になる。「二酸化マンガン」「墾田永年私財法」「文節」などという専門用語は、子どもたちにとって負担が大きい。ただ、これは日本語母語話者にとっても負担は大きい。先生自身もこの語彙は難しいだろうという想定で導入をするため、学びやすいものもある。「ここで二酸化マンガンを入れます。みなさん、二酸化マンガンってわかりますか?」などと言いながら、おそらく板書もされるであろうし、この専門用語はキーワードであることを明示的に伝えることになる。

一方で、学習語彙と呼ばれる一群がある。子どもの言語習得を専門とするバトラー後藤裕子氏の研究に詳しい。例えば、「ひく」「はかる」「ひらく」「かさねる」などのような、教室内でよく使われる語である。その中でも、「ひく」のように、「辞書をひく」「引き出しをひく」「5から3をひく」「線をひく」と、多義のものは子どもにとって難しい。「辞書をひく」を知っていても、「5から3をひく」は全く類推が効かないからだ。これらの語は、教員は当然のように使うがゆえに、外国人児童生徒にはうまく伝わっていない可能性がある。専門用語とは教員の扱いが違うのだ。

さらに、学校カルチャー語彙と呼ばれるものがある。「上履き」「連絡帳」「習字用具」などで、これらは日本で育っていない人には非常に理解が難しい。こちらは異文化コミュニケーションを専門とする李暁燕《りぎょうえん》氏の研究による。李氏は日本で育児をした当事者外国人である。実際に調査をしてみると、日本人と外国人保護者では理解率が全く異なることがわかっている。こういった語彙も教員がさもみんな知っているよね？　という体《てい》で話してくると、自分だけわからないと苦に感じる外国人児童生徒はいるはずだ。

小6社会の教科書が読みにくい

教科書の日本語は難解である。例えば、算数の文章題などは複雑な日本語表現を読み解く読解問題である。認知科学者の今井むつみ氏を中心にしたチームの研究では、算数文章題が解けない子どもたちの読解力はどこに課題を抱えているのか細かく分析している。1年生用のある文章問題を3、4、5年生に解かせてみたところ、正答率はそれぞれ28・1％、53・4％、72・3％であったという。その間違いのパターンを分析しているが、計算上のミスではなく読んで内容を把握するという読解力が大きく関わっていることがわかっている。ただし、問題文を読めないのか読まないのかは判断できないようだ。

国立情報学研究所の新井《あらい》紀子《のりこ》氏が『ＡＩ vs.教科書が読めない子どもたち』で、中学生の半数は教科書が読めていないことを明らかにした。メディアは中学生の読解能力が落ちているのではないかという論調になりがちであるが、単に教科書が難しすぎるという可能性もある。学年に合わせた文章の難易度を考える時期ではないだろうか。

筆者が文名詞密度（第五章参照）を用いて教科書を分析した論文がある。結論から言うと、小6あたりになると科目間で難易度に差がでてくるのだが、一番難しいのは社会科（文名詞密度8・89）であった。この難易度は自然科学・専門書レベルで非常に高いという結果である。明らかに教科書の難易度設定はおかしい、というのが論文の主張である。

こういった現状では、教科書のテスト範囲を指定して、各自で読んでおきなさいという指導は成り立たないことになる。ただ、教科書の制作には多くの人間が関わっているため、簡単に解決できる問題ではない。

「学校からのお便り」を考える

最後に、保護者とのコミュニケーションを考えたい。直接会うことはあまりないが、お便りを通して情報を伝えることになる。このお便りが曲者《くせもの》なのだ。多文化社会コーディネーターという肩書を持ち自治体施設で活動されていた菊池《きくち》哲佳《あきよし》氏の記述を引用する。学校のお知らせに関する外国人住民の声だ。

> 学校から届いたのでちゃんと読まなくてはならないと思い、私は辞書を引きながら一生懸命に読みましたが、前半に書かれていたことはあまり大切だと思えないことばかりでした。結局、大事なことはすべて途中から書かれていました

筆者も全く同感である。学校のお便りは、冒頭に7〜8行の季節のあいさつ&クラス情報が入る。これは保護者にとって新情報ではないことが多く（関連性における利益がさほどない）、読み飛ばしても全く差し支えない。「少しずつ暖かくなり、子どもたちは元気に校庭で遊ぶ季節になりました。……」などという冒頭があり、お便りを読み進めていくと、はっきりとは書いていないが、最終段落あたりに重要情報が出てくる。「どうやら来週、ペットボトルを持って行かねばならないようだ」とわかる。

ここでの指示はあまりはっきりとは書かれない。保護者に対して直接命令口調は避けたいというポライトネス理論が発動する。「表の中で丸印がついたものが、児童が持参するものです」なんていう書きぶりになる。「ペットボトルを持って来てください」と言い切ったほうが、確実に伝達効率は上がるのだが。

忙しい日本人の保護者にも喜ばれた

2022年4月に大阪市港区長が、学校のお便りを改善したというつぶやきをツイッター（現X）で発信した。この区長さんは元校長先生である。その投稿がバズったことで、学校のお便りをみんなで議論するチャンスが到来した。投稿で述べられていた改善とは、あいさつ文をカットした、保護者への依頼文をはっきりと言い換えたなどである。後者の例として「お忙しい折とは存じますが、ご来校いただきますようお願いいたします」から「学校に来てください」への書き換えが紹介されていた。

この結果、忙しい日本人の保護者に喜ばれたこと、保護者がプリントを見なくても児童が自分で読めるので土曜授業の欠席や忘れ物が減ったこと、をあげていた。

SNSなので、この後にいろんな人のコメントが続くのだが、大きな盛り上がりは、学校のお便りって本当に余計な情報が多いよね～というお便り批判であった。投稿者の多くは、日本人の元保護者である。結局、日本語母語話者にとってもお知らせなんてすっきりしていたほうがいいのだ。なぜなら我が家を含めて共働き世帯が増えており、ゆっくり学校の様子を楽しもうなんていう家庭ばかりではないのだから。その上での、今後見込まれる外国人保護者の増加対応である。タバコのラベルが「死にます」となっていた件を思い起こしていただきたい（第三章）。伝わる言語にはあのストレートさが必要なのである。

学校のお知らせは、自治体公用文に比べて改善が早いと感じる。内容の質がさほど複雑ではないからだ。そんなこんなで学校のお知らせ改善は少しずつ広がりを見せている。大阪市港区長のツイッターに限らず、各地の学校でお知らせを改善しているという報告は耳にする。

筆者が関わっている静岡県教育委員会のプロジェクトでは、学校教員自らが読みにくいお知らせを書き換えている。興味がある方は『学校における「やさしい日本語」活用促進事業実施報告書』がウェブ上で読めるのでどうぞ。書き換え前と書き換え後を比較することで、何が問題なのか考えられるつくりになっている。

その他の場面——図書館、警察、消防、インバウンド対応

役所、病院、学校——この三つは、外国人が困っている場所であった。多言語化と並行して「やさしい日本語」の導入を進めていかねばならない。ここまで、場面ごとに課題が異なることを見てきた。「やさしい日本語」は、現場の状況を細かく分析した上で、その活用方法を検討すべきである。他にもさまざまな場面に「やさしい日本語」は広が

っていかねばならない。すでに広がりを見せている場面、今後広がりが予想できる場面を紹介したい。

在住外国人が訪れる場所として図書館の「やさしい日本語」対応は喫緊の課題ではないだろうか。公立図書館は「教育基本法」などで社会教育施設として定められており、住民の福祉の増進に向けて資料を収集し公開している。当然、外国人住民の受け入れも図書館の責任なのだ。実は図書館への「やさしい日本語」導入の取り組みはすでに始まっており、導入のための教材『図書館員のための「やさしい日本語」』も出版されている。

在住外国人の緊急事態対応として、警察官や消防隊員の「やさしい日本語」対応は大切である。新聞記事によると、アメリカでは警察官と消防隊員が「やさしい英語」を使うための訓練を受けているという（「朝日新聞」2017年10月30日朝刊）。日本でも警察官の「やさしい日本語」対応は、独自ガイドラインを作っている自治体があり、広がりを見せている。消防隊員に関しては、東京オリンピック前に総務省消防庁がフレーズ集を公開するなど動きは見せている。ただ、どちらも本格的な動きはこれからといったところであろう。

インバウンド対応にも目を向けたい。「やさしい日本語」対応が必要な場面は、博物館、美術館、芝居の劇場など多岐にわたる。国際交流基金の『２０２１年度海外日本語教育機関調査』を見ると、日本語学習者は世界に４００万人弱おられる。そのうち40％程度は観光旅行を目的としている。つまり、学んだ日本語を使いたい旅行者が一定数存在する。国内にいる30万人の留学生も、休暇期間は国内旅行に出かける。これらの留学生は習った日本語を使ってみたいと思って旅に出るのだ。受け入れ側はそういう気持ちを理解してほしい。「welcome!」から始まる英語対応が続き、がっかりしてしまった留学生の愚痴はよく耳にする。

第九章　道路標識から日本語を考える

ちょっと短めの書き言葉

本章は、駅や道路に設置されている公共サインを扱う。書き言葉は書き言葉だが、非常に短い。そこで用いられる表記の問題を考えたい。日ごろあまり注目していない人もいるだろうが、駅と道路ではサインのフォーマットが異なる。漢字にひらがなをつける駅名標とひらがなをつけない道路標識は見た目がずいぶんと違う。また、鉄道会社によって若干の違いもある。東京駅は漢字・ひらがな・ローマ字という並びだが、写真2Cの札幌《さっぽろ》はひらがながメインである。

少し注目していただきたいのはローマ字表記である。写真2A東京駅の駅名標には「Tōkyō」と長音符号があるが、Bの道路標識「Tokyo」にはない。実はBの道路標識だけではなく、全国の道路標識は多くが長音符号をつけていない。日本語の音の体系を考えれば明らかであるが、長音と短音を区別しないと言葉が混乱する。「とうかい」と

A　　B

C

写真２　駅と道路の公共サイン

「とかい」、「おおやま」と「おやま」、「おおはら」と「おはら」など、日本語において長音をつけるかつけないかで単語の意味が変わるからだ。

ひらがなとローマ字

在住外国人の文字理解について考えたい。ひらがなのある駅名標、ひらがなのない道路標識、どちらが在住外国人の実態に合っているのであろうか。ひらがな、カタカナ、ローマ字の理解率の調査を紹介する。少し古いが２００１年に文化庁が実施している。漢字を理解できる人が少ないという点は予想通りであろう。注目してほしいのは、ひらがな（平仮名）とローマ字の割合である。

日本語の文字やローマ字を読む力（複数回答可）

・平仮名が読める　84・3％
・片仮名が読める　75・2％
・ローマ字が読める　51・5％
・漢字が少し読める　48・5％
・漢字が読めて意味も分かる　19・6％

外国人はひらがなが一番読める、ということがデータからわかる。日本語不通の思い込みが日本社会にあるため、この点を不思議に思う人がいるかもしれない。実は留学や技能実習など在留資格の取得に日本語学習が条件となっている。結果として多くの外国人は日本語を勉強している。教科書は基本的にひらがなから始まるため、8割以上の人がひらがなを読めるということになる。

ローマ字の理解率が低いと思われた方もいるだろう。これは逆の立場で考えてほしい。自分が韓国に移住するとして、ハングル文字と韓国式ローマ字、どっちを習うだろうか。

写真3　ローマ字のみの道路標識
（長野県：裏面には漢字もあり）

多くの人はハングル文字を習っているのが現状である。それはハングルの方が広く使われているからだ。日本語のひらがなはハングル文字にあたる。外国人から見てもローマ字より重要であることが一目瞭然なのだ。

写真3のようにローマ字の力を過信して道路標識を作ってしまった自治体も存在する。インバウンド対応など何か考えがあるのだとは思うが、言語政策の原点は在住外国人である。今ここに住んで税金を払っている人を第一に考えねばならない。そういう人たちがひらがなを一番読めるのであるから、まずはひらがなの整備からである。

駅と道路に戻る。駅はひらがなを活用している点で優れているということになる。ひらがなをメインにしている札幌（写真2C）は、さらに見やすい。一番伝わる文字が一番大きく書かれているのであるから。実は日本各地にひらがなメインの駅名表示があり、JR北海道、九州、東海の各社、関西の阪急など各地で見ることができる。旅行の際はぜひ注目していただけたらうれしい。ローマ字に長音を採用している点でも駅の表示はすばらしいということになる。

「平和大通り」は「ピースブルバード」か？

駅名表示は、基本的に地名にひらがなをふって、その読み方をローマ字表記するという方針で書かれている。つまり、一貫して日本語表示をするルールになっている。一方、道路は漢字に直接ローマ字をふるため、読み方をローマ字表記しているもの（写真2B、写真3）と、意訳で英語にしているもの（写真4）が混在することになる。そこで、写真4の平和大通りや運動公園入口、文化センター前を見ていただきたい。

写真4　固有名詞の英訳

言うまでもなく地名は固有名詞である。平和大通りは「ヘイワオオドオリ」と我々が呼んでいる場所であって、「ピースブルバード」ではない。漢字が読めない外国人が「ヘイワオオドオリ／ウンドーコーエン／ブンカセンター」という音を頼りに目的地を探していたとして、これらのサインでは助けにならない。この理屈でいくなら、私岩田は、「ミスターロック」と呼ばれてしまう。ミスターロックと呼ぶのは相手の勝手だが、自分がちゃんと振り向く自信はない。

第五章で紹介した通り、在住外国人の日本語読解能力については、5割の人が「よくわかる」と回答していた。これはアンケート調査であるが、もっと運用実態に近いのが図20である。東京都つながり創生財団による外国人調査における使用言語をグラフにしたものだ。日本語、英語、中国語、ベトナム語、ネパール語、韓国語の6言語でアンケートを行った際の回答に、どの言語を選んだかがわかる。書き言葉で英語と比較しても日本語が広く使われている。そして繰り返しになるが、英語はさほど万能ではない。そもそも固有名詞は英訳してはいけない。さらに、英語よりも日本語がわかる人のほ

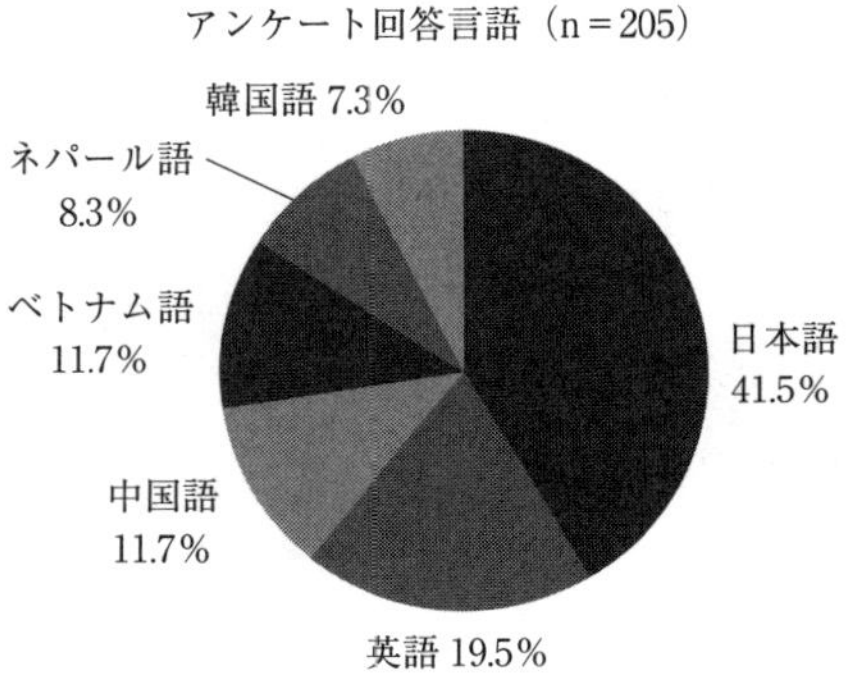

図20　在住外国人がアンケートで回答した言語

うが多いのだから、地名はそのまま日本語で表示すればいいのではないだろうか。その点においても駅名標示は優れている。駅のフォーマットは明治時代に作られている。一方道路は１９４５年に出た連合国最高司令部指令第2号に基づいて設計されている。要は、連合国軍が自分たちの都合で道路に英訳をつけたのだ。

長音符号の問題

連合国最高司令部が指定した修正ヘボン式は、当時バリエーションがあったようである。ヘボン式は日本語の体系をちゃんと研究したヘボンによるものであるから、当然長音と短音の区別はしなければならないという方針である。それが修正ヘボン式になった際、限りなく英語表記に近づける一派が長音符号をとってしまった。ちなみに、修正ヘボン式とは言え、長音符号を採用している一派もあり、それが駅名標示に使われている。長音符号なしの修正ヘボン式は、戦後の道路標示の規範となり、さまざまなガイドラインに適用されていく。

基本的に長音符号はつけないという方針なので、日本中の道路表記は圧倒的に長音符

写真５（上段）　長音符号がついている道路標識（珍しい！）
写真６（中下段）　母音オにおけるイチロー型と大谷型

号がない。「Tokyo」を思い浮かべていただけたらよい。非常に珍しいことに、自治体の判断で道路に長音符号をふっている街もあり（写真5）、これはすばらしい。言語政策に関する教養の高さが際立つ。

　メジャーリーガー時代のイチロー選手は表示が「Ichiro」だったことから、長音符号のない母音の表記をイチロー型と呼びたい。イチロー型は日本の公共サインの大部分を占める。一方で、大谷選手のように「Ohtani」とhをつけるのも英語式である。こちらを大谷型と呼びたい。国内には少数であるが、大谷型も存在する（写真6下段）。英語に寄せればいいんでしょ？　という思い込み先行型で、ガイドラインにも載っていない独自判断がなされている。大谷型がなぜ存在するのか？　英語表記には英語のルールがあり、ローマ字表記には日本のルールがあるという言語政策の基本があまり現場で共有されていないためであろう。

実は英語のスペリングは機能的ではない。みなさんも中学校でhighという単語を習ったときに、「ハイグハ」と発音し、「グハ」が何で消えるんだ？　と疑問に思った人はいるだろう。英語については過去に様々な提案がなされたが、言語政策としてまとまらなかった経緯がある。

例えば、作家のバーナード・ショーは、fishのことをghotiと書けばいいと皮肉っている。タフ（tough）のフ（gh）、ウィメン（women）のイ（o）、ネイション（nation）のシ（ti）の綴《つづ》りを足したものだ。要は音声と一致していない表記がたくさんあるのだ。そんな英語のスペリングに寄せていくなんてあまりよい策ではない。そのうちenoughは、イナッフと読むんだから、「富士山」は「Ghujisan」だ！　などと書きだしたら困るなあ。

長音符号の問題は、写真7を見てもらえればわかりやすい。右に行っても左に行っても「Konan」であるから、まっすぐ行く人以外に何の情報も与えない。筆

写真7　どっちに行ってもコナン

者は長音符号不在の問題を以前、研究仲間との共著『街の公共サインを点検する』で紹介したことがある。その時に本を読んでこの写真を送ってくれたのが当時京都教育大学在学中の蘆田《あしだ》颯介《そうすけ》君であった。中俣尚己《なかまたなおき》先生を通じて写真を提供してくださった。お二人に感謝すると同時に、この看板の製作過程で、誰か止める人はいなかったのかと不思議にも思う。

不愉快サイン

公共サインを分析してみると、英語必須の思い込みがまたまた顔を出す。東京の多言語サインの実態を量的に明らかにしたピーター・バックハウス氏の研究を紹介したい。2003年に東京都内の28調査地点から11834の公共サインを収集して分類した結果、2444（20・7％）は多言語サイン（ローマ字表記付きのものも含む）で、その92・7％には英語が使われており、中国語（62例：2・5％）、韓国語（40例：1・6％）を大きく引き離していた。なおフランス語は20例、アラビア語とロシア語は1例のみであった。英語と他言語の扱いが全く違うことがわかる。

筆者が撮りだめをした写真データを見直してみると、英語以外の言語が出やすい公共サインに傾向がある。その一つは「警察官巡回中」のような想定犯罪者向けのメッセージだ。写真8左は英語、中国語、朝鮮語、スペイン語、ペルシャ語が使われている。これを読んだペルシャ語話者（イラン人）がどんな気持ちになるか想像すべきではないか。

写真8　不愉快サイン

この話もかつて自著で紹介したところ、卒業論文のテーマとして外国人にインタビューした学生がいる。こういうサインを見ても多くの外国人は気にしないが、一定数差別を感じる人がいるという結論であった。この手の防犯関係サインは多言語化を進めると不愉快に感じる人もいるということになる。

現状は、多言語化がいびつな形で進んでいる。英語なしで日本語以外は中国語と朝鮮語だけのものもある（写真8右）。私の所有する写真データには、日中の組み合わせ、英中、英西（英語・スペイン語）、英波西（英語・ペルシャ語・スペイン語）など、さまざまなバリエーションがある。こんなパターンは街の道路案内サインには絶対にない。防犯関係サインには、ペルシャ語やスペイン語が出現することを見てきた。つまり、メッセージ内容によって言語が使い分けられていることは間違いない。1990年代にイラン人や南米人が関わる犯罪ニュースを大きく報道していたことが原因だと思うが、言語別で対象者にレッテルを張るのはまさに差別である。

あまりはっきり意識することはないが、我々は外国人と犯罪の関連について潜在的な思い込みがある。社会学者の郭基煥《かくきふぁん》氏の書籍を読むと、その思い込みの存在をはっきりと認識できる。関東大震災の時に在日コリアンの人がひどい目に遭われたことは周知の事実だが、それ以降も災害のたびに外国人を想定犯罪者と見る言説が流されてきた。その際、外国人犯罪に関する流言は、その他のデマより長く続くことがわかっている。災害の後、日本人被災者のマナーのよさを美化する言説が大きく取り上げられるが、外国人犯罪言説はそれと表裏一体の構造を持っているという。こういう差別的な発想が不愉快サインとなって表れているとしたら、問題の根は深い。

ローマ字と英語の複合

道路標識に話を戻そう。英語表示が多いことをすでに紹介したが、国交省の各種ガイドラインは、固有名詞部分をローマ字、普通名詞の部分を英語で書くという方針を出している。「国際大通り」を例にするなら、「Kokusai Boulevard（Avenue）」あたりがよいことになる（Boulevard は難易度が高い）。いずれにせよ、すべてローマ字なのに途中まで日本語で途中から英語に変わるという表示を推奨していることになる。

台湾生まれで日本育ちの作家、温又柔《おんゆうじゅう》氏は、「Yamanote LINE」を「ヤ・マ・ノ・テ・リ・ネ」と読んで、意味がわからなかった小学生時代を回顧しておられる。途中から突然英語になるんだから、理解は難しいと思う。ただ、ここにはさらなる問題が。国際大通りは全体で固有名詞だと考えると「KOKUSAI-ŌDŌRI」のようになる。固有名詞＋普通名詞の構造において、「月山・荒川」などはひとかたまりであるとガイドラインにはあり、切れ目の判断は製作者に委ねられている。しかし、固有名詞の判断は人によってゆれるのだ。結果として、街のサインは百花繚乱《ひゃっかりょうらん》となる。筆者が保持している国際大通りの写真は以下の5パターンが現れる。

・Kokusai Boulevard
・KOKUSAI-ŌDŌRI
・Kokusai-odori Ave.
・Kokusai Ōdōri Boulevard
・Kokusai-Ōdōri Blvd

他大学に集中講義に行ったときなど、統一されていないサインを集めるという課題を出すのだが、どの街に行ってもこんな例はすぐに集まる。集中講義なので、写真を撮る時間はせいぜい2、3日なのだが、学生はせっせと面白い写真を集めてくれる。

同じ地域内の単一地名「国際大通り」ですら統一できない現状では、地域間で統一するなど不可能である。「国際大通り」の英訳は「Boulevard」「Avenue」が使われていたが、富山の「城址《じょうし》大通り」は英語訳が「Joshi Main St.」だった。

固有名詞の統一は難しい。一つの理由として翻訳可能性のバリエーションがある。「平和」は簡単に「peace」と思いつくけど、城址は簡単に思いつかない。「castle ruins」なんていう訳を仮に当てたとしても、城址と城跡は違うんだから、石垣が残っている城址のニュアンスを英語に込めたいなんてことを考え出すと大変面倒だ。我々は翻訳しやすいときだけ翻訳してしまうくせがあり、どうしても全国統一規格でそろえるのが難しいんだと思う。

公共サインの根本問題

本章では公共サインの表記における問題点を指摘してきた。この問題の背景にあるのは、日本人も外国人もまじめに日本語以外の部分を読んでいないという点につきる。要は誰もつっこまないから、変な問題が放置されてしまっている（と筆者は勝手に考えている）。興味深い新聞記事がある（「朝日新聞」２０２３年12月7日朝刊）。そこでは、「小《お》樽港《たるこう》」（port）の道路標識が「小樽おなら」（poot）になっていたというもの。なんとこの標識、30年間も誰にもつっこまれずに生き残ってきたそうだ。

この手の問題は、日本に限らない。台湾の公共サインも、ローマ字表記の不統一などにおいて日本よりもっとひどい状況である。今度旅行された方はぜひ台北と高雄の道路標識を比べてください。一般化するなら、母語話者は外国人の立場になって標識を作ることが難しいということになる。ちょっと調査したらわかるようなもんだけど。

第十章　まとめ――三つの視点

相手に伝わりやすい表現を選択するという「やさしい日本語」の理念は、とてもシンプルである。しかし、普及運動の道のりはまだまだ長そうだということを複数の原因から論じてきた。本書はざっくりと三つの視点からこの問題を扱ってきたのだが、それらをここで論じてまとめとしたい。

発信者の仲介活動を考える視点

第一章で「やさしい日本語」は、仲介活動という専門用語があり、通訳・翻訳と同じ能力であることを紹介した。第一章から第四章までは話し言葉を中心に扱ってきたが、この能力がうまく発動できない場面を分析した。そこには、英語必須の思い込みや経験不足、技術不足、ポライトネスへの配慮など様々な思い込みや志向が関わっていることを指摘した。

また、わかりやすく伝えるには、言葉の言い換えだけではなく場面依存度や場の状況をコントロールする必要があることなどを論じた。これらは仲介活動の具体的な内訳解説と言い換えてもいい。なお、話し言葉の特徴は、その場における短時間の反応であり、この点において書き言葉とは根本的に異なる。

第五章で扱った書き言葉は、やはり仲介活動が関わっている。わかりやすく書くための能力がないと書けない。ただし、話し言葉と異なりじっくり考える時間がある。計画を練って全体像の設計図を作ってから書き出さないと整ったものにはならない。じっくり考えることが多い点において、話し言葉の仲介活動とは質的に異なると言える。専門性が高いこともすでに述べた。

心理学の分野で二重過程理論という考え方が定着してきている。脳内の情報処理や認識を担当するシステムは2系統あるという考え方である。システム1とシステム2は以下のような特徴で説明されている。

・システム1　直感や感情、自動的に発動、ステレオタイプに影響される

・システム2　熟慮、発動にエネルギーが必要、怠け者、疲れると動かない、個人差がある

これらは一種の比喩であり、脳内の管理部署が分かれているというわけではない。話し言葉と書き言葉の仲介活動は、システム1、2の違いで説明ができるのではないか。直感的に反応する話し言葉はステレオタイプの影響を受けるという説明ができる。

一方、書き言葉は熟慮が必要である。なお、システム2の機能は、システム1の判断や決定をモニターし、必要ならば修正を加える点にもあり、我々が頻繁に誤りを犯すのは、システム2の知識や能力不足が原因の一つとされている。

ここが本書執筆のポイントで、詳細なデータを示すことで、日本在住外国人の現状を知っていただいた。これによりみなさまのシステム2が豊かになり、システム1のステレオタイプが少しでも防げることを願っている。

社会や制度を考える視点

第五章の書き言葉は、仲介活動だけでは説明ができないことを論じた。次に考えなければならないのは、社会や制度の問題である。書き言葉が読みにくいのは、内容の質が関わっている。保育園の入園案内を例に再度説明しよう。親に仕事があってもなくても誰でも子どもを保育園に送れるという制度設計の国なら、入園案内は非常にシンプルになる。日本のようにあれだけ複雑な入園案内を書かねばならないのは、制度が複雑だからだ、という話を思い出していただきたい。多くの親が共働きで子どもを保育園に預けたいというのも社会的な状況であり、社会や制度が書き言葉に関わることになる。

仲介活動をバックアップするのも社会や制度である。わかりやすい文章が正しいと思っている職場や社会では、ちょっとくらいぞんざいな文章でもストレートさが優先される。一般市民の識字率が低いと考えている国では、わかりやすさが優先される。褒賞制度など書き手を支援する制度はプラスに働くであろう。難易度を測る数値の基準があると、わかりやすく書き換える目安ができる。こういったことを第五、六、七章で論じてきた。海外の例から、優れた制度は日本も真似《まね》すべきかと思う。例えば、第三者機関が文章の読みにくさを確認して修正を加えるなんていうのは非常に効果があると思う。

様々な場面ごとに課題を考える視点

第八章、第九章は様々な場面によって抱える課題が異なることを見てきた。病院では主に病状を説明する話し言葉、学校では保護者とやりとりをするお知らせ類（書き言葉）、駅や道路の案内は、ひらがなやローマ字、多言語の使い方が課題であった。「やさしい日本語」の適用場面は、これからますます広がっていくだろう。その際に、コミュニケーションが発生する場面ごとに何が課題なのかを考えて、優先順位をつけて解決していく必要があると思う。これを様々な場面ごとに課題を考える視点としたい。

「やさしい日本語」が必要だ、というだけではやや抽象的である。各現場の人が受け入れやすいようにかみ砕いていく作業が必要になる。例えば、学校の先生には、保護者に配る文章から冒頭のあいさつをカットして、もっと短いお知らせにしませんか？　といった具体案を示す必要がある。

日本政府は外国人労働者の受け入れを積極的には公言しない。その証拠に移民という用語を使わない。高齢者を中心とした世論が反対することを恐れていると言われている。ただ、実質上長期就労を可能にする外国人労働者を認めていることは、本書で見たとおりである。

この世論の風向きがどうも変わってきているらしい。朝日新聞のアンケートでは、外国人労働者の受け入れ（人手不足の分野対象）に賛成する人が62％となり反対の28％を大きく上回ったという（２０２４年5月４日朝刊）。２０１８年の調査では賛成が44％で反対の46％に拮抗《きっこう》していた。

この変化の理由は、今まで反対していた高齢者層がさまざまな分野の人手不足を理由に賛成に流れたためだ。特に医療・介護施設での人手不足が顕著になり、不安を感じている人が80％となったことも調査で明らかになった。いよいよ政府の思惑と世論が一致したということになる。外国人が長期的に日本を選んでくださるかどうかは専門家の意見も分かれるが、当分は増加傾向が続くであろう。願わくは来日した方も楽しく生活してほしいものだ。外国人との共生を目標にした「やさしい日本語」の重要性は当分色あせないであろう。ただし、これは情報弱者と言われる人全ての課題であることも忘れないでほしい。

あとがき

災害場面における「やさしい日本語」の開発・普及には弘前大学《ひろさきだいがく》名誉教授である佐藤《さとう》和之《かずゆき》先生を中心に多くの研究者が関わってこられました。諸先輩方の努力のおかげで現在の状況があります。その流れの中で庵功雄《いおりいさお》さんが中心となり、平常時のコミュニケーションでも「やさしい日本語」を展開しようという社会運動を進めてきました。私はその一味です。

庵さんは典型的な猪《いのしし》型武者で、目標を見つけるとどんどん勝手に走り出してしまいます。「庵さ〜ん、ヨロイ忘れてるよ〜」という感じで後ろから追いかけていた元若手研究者が、岩田《いわた》一成《かずなり》、柳田直美《やなぎだなおみ》、宇佐美洋《うさみよう》、森篤嗣《もりあつし》などなどです。本書の中でこれらの元若手が書いてきた論文を少しでも紹介できたのは私にとっての会心事です。読み返してみると本当にみんないい論文を書いているなあと思います。

本書でも主張したように、文章は公開する前に誰かがチェックした方がよくなります。

この文章も筑摩書房の方便凌さんが丁寧にコメントをしてくださいました。それによって格段に読みやすくなった箇所、おもしろくなった箇所があると思います。ただ、もともとの読みにくくておもしろくなかったバージョン1がすでに存在しないため、みなさまにとっては比較対象がありません。なんとか本書を読んで楽しんでもらえることを祈るのみです。

とにかく読者のみなさまが相手に伝わる言語というテーマに少しでも興味を持ってもらえるよう全力を尽くしました。最後まで読んでくださりありがとうございます。「あとがき」から先に読むタイプの人が結構いることを私は知っているので、そういう人はここからがスタートです。いろんな読者を想定して書いてみました。さようなら。

2024年7月30日　家族が寝静まった熱帯夜の横浜にて、
もはや番犬の機能があるとは思えない寝相のバムさんと一緒に。

岩田一成

参考文献&読書案内

本文中に書名を示したものは、原則としてここでは紹介しません。もう少し深く勉強したい人向けの読書案内をここに記します。興味がある人はいろいろな文献に当たってください。

・「やさしい日本語」

多文化共生社会というキーワードから、社会における「やさしい日本語」の重要性を論じた庵功雄氏による岩波新書『やさしい日本語――多文化共生社会へ』が2016年に出ている。これにより「やさしい日本語」の概念が広く一般の人に普及した。加えて、本書でたびたび引用する主要な論文集を三種類ここに紹介しておく。

（論文集A）庵功雄・イ ヨンスク・森篤嗣編（2013）『「やさしい日本語」は何を目指すか――多文化共生社会を実現するために』ココ出版

（論文集B）庵功雄・岩田一成・佐藤琢三・柳田直美編（2019）『〈やさしい日本語〉と多文化共生』ココ出版

（論文集C）庵功雄編（2022）『「日本人の日本語」を考える』丸善出版

第一章

・接触場面

イジー・ヴァーツラフ・ネウストプニー氏による『新しい日本語教育のために』大修館書店（1995）が詳しい。こちらは博士論文であるが、栁田直美氏の『接触場面における母語話者のコミュニケーション方略』ココ出版（2015）は先行研究の論点がわかりやすくまとまっている。接触場面やフォリナートークを解説し、接触経験の有無とやさしい日本語スキルの関係を論じている。

・ＣＥＦＲ（ヨーロッパ言語共通参照枠）

ＣＥＦＲを解説した書籍は多い。奥村三菜子氏ほかによる『日本語教師のためのＣＥＦＲ』くろしお出版（2016）は比較的わかりやすい。また、ＣＥＦＲ‐ＣＶという補遺版の解説になっている櫻井直子氏ほかによる『ＣＥＦＲ‐ＣＶとことばの教育』くろしお出版（2024）では、仲介活動を詳細に説明している。

・「やさしい日本語」の普遍性

外国人向け「やさしい日本語」と高齢者や障害者対応を比較してみたい方には、コミュニケーションを扱った書籍を見比べてほしい。外国人対応の『「やさしい日本語」で伝わる！　公務員のための外国人対応』学陽書房（2020）、高齢者対応の『お年寄りと話そう』春風社（2009）、障害者対応の『「わかりやすさ」をつくる13のポイント』スローコミュニケーション（2019）、『「脳コワさん」支援ガイド』医学書院（2020）など各種ある。

・その他本章で参照した文献
チャド・マレーン（2017）『世にも奇妙なニッポンのお笑い』ＮＨＫ出版新書
角田太作（1991）『世界の言語と日本語——言語類型論から見た日本語』くろしお出版

第二章
・アコモデーション理論
橋内武氏の解説が『ディスコース』くろしお出版（1999）にあり、簡潔で論点がよくわかる。もう少し深く知りたい人には滝浦真人氏ほか『異文化との出会い』放送大学教育振興会（2022）が詳しい。用語はスピーチアコモデーション、コミュニケーション調節理論などさまざまであるが、本書はアコモデーション理論を採用している。

・その他本章で参照した文献

江利川春雄（2016）『英語と日本軍――知られざる外国語教育史』NHKブックス
オストハイダ・テーヤ（2005）「聞いたのはこちらなのに……――外国人と身体障害者に対する「第三者返答」をめぐって――」『社会言語科学』7（2）
木村護郎クリストフ（2016）『節英のすすめ――脱英語依存こそ国際化・グローバル化対応のカギ！』萬書房
木村護郎クリストフ（2020）「美容としての英会話――脱毛と英会話の車内広告比較から」『社会言語学』XX
出入国在留管理庁（2021）『在留外国人に対する基礎調査報告書』（ウェブで閲覧可）
寺沢拓敬（2015）『「日本人と英語」の社会学』研究社
東京都目黒区（2020）『「やさしい日本語」の活用について（提言）』MIFA「やさしい日本語」研究会
パーラヴィ・アイヤール（2022）『日本でわたしも考えた――インド人ジャーナリストが体感した禅とトイレと温泉と』白水社
ピーター・フランクル（2002）『美しくて面白い日本語』宝島社
星野ルネ（2018）『まんが アフリカ少年が日本で育った結果』毎日新聞出版
村田陽次（2020）「東京都外国人新型コロナ生活相談センター（TOCOS）について」『令和2年5月16日CINGA活動報告会資料』

森篤嗣（2022）「学校教育における「共生社会のためのことばの教育」の可能性」『共生社会のためのことばの教育』明石書店
ロジャー・パルバース（2020）『驚くべき日本語』集英社文庫

第三章

・ポライトネス理論
本家のペネロピ・ブラウンとスティーヴン・レヴィンソンによる『ポライトネス――言語使用における、ある普遍現象』研究社（2011）が日本語訳で読める。ただ、これは広い範囲をカバーする理論であり、日本語との関係に特化して考えるなら滝浦真人氏の概説書『ポライトネス入門』研究社（2008）がわかりやすい。

・その他本章で参照した文献
イ ヨンスク（2013）「日本語教育が「外国人対策」の枠組みを脱するために――「外国人」が能動的に生きるための日本語教育」（論文集A）
宇佐美洋（2013）「「やさしい日本語」を書く際の配慮・工夫の多様なあり方」（論文集A）
海保博之（1988）『こうすればわかりやすい表現になる――認知表現学への招待』福村出版
トンクス・バジル（2019）『日本のグローバル化は〝日本語〟からはじめなさい』プレジデント

社

第四章
・追加言語方略、複言語主義、受容的多言語使用
媒介言語に関わる様々な議論は木村護郎クリストフ氏の書籍がある。『異言語間コミュニケーションの方法――媒介言語をめぐる議論と実際』大修館書店（2021）は体系的で良書。

・その他本章で参照した文献
ジム・カミンズ&メリル・スウェイン（Jim Cummins and Merrill Swain 2014（1986）*Bilingualism in Education.* Routledge）＊本書引用部分の日本語での解説は、バトラー後藤裕子氏の『多言語社会の言語文化教育――英語を第二言語とする子どもへのアメリカ人教師たちの取り組み』くろしお出版（2003）にある。

ピーター・ロビンソン（Peter Robinson 2001 Task Complexity, Task Difficulty, and Task Production: exploring Interactions in a Componential Framework. *Applied Linguistics* 22（1）, 27-57）＊本書引用部分の日本語での解説は、バトラー後藤裕子氏の『学習言語とは何か――教科学習に必要な言語能力』三省堂（2011）にある。

正岡紀子（2022）「医療面接学習活用に向けての患者の感性に着目した共感的コミュニケーショ

ン効果の検証」第54回日本医学教育学会より
柳田直美（2020）「非母語話者は母語話者の〈説明〉をどのように評価するか――評価に影響を与える観点と言語行動の分析」『日本語教育』177

第五章

・国の公用文に関する指針
日本語母語話者を読み手に想定した公用文の指針『公用文作成の要領』、『公用文作成の考え方』の本文や解説は筆者が『新しい公用文作成ガイドブック――わかりやすく伝えるための考え方』日本加除出版（2022）にまとめている。

・その他本章で参照した文献
岩田一成（2016）『読み手に伝わる公用文――〈やさしい日本語〉の視点から』大修館書店
岩田一成（2020）「文章の難易度測定方法に関する研究――「やさにちチェッカー」の「硬さ」について」『京都語文』28
打浪文子・岩田一成（2019）「やさしい日本語化と情報の加除――NHKニュース、NHK「NEWS WEB EASY」、『ステージ』の比較」（論文集B）
ダン・スペルベル&ディアドリ・ウィルソン（1993）『関連性理論――伝達と認知』研究社

デイヴィッド・バートン（David, Barton 1994 *Literacy*. Blackwell）

第六章

・本章で参照した文献

出入国在留管理庁（2024）『２０２３年版　出入国在留管理』
大政翼賛会（1941?）『隣組読本　戦費と国債』小冊子
多仁安代（2000）『大東亜共栄圏と日本語』勁草書房
弘前大学人文社会科学部社会言語学研究室（2016）『「やさしい日本語」が外国人被災者の命を救います。』小冊子

第七章

・各国のガイドライン

以下に挙げる日本・アメリカ・中国のガイドラインはどれもウェブで閲覧が可能である。

『在留支援のためのやさしい日本語ガイドライン』出入国在留管理庁・文化庁（2020）、『公用文作成の考え方』文化庁（2022）、『Federal Plain Language Guidelines』PLAIN（2011）、『疫情防控〝简明汉语〟』北京语言大学语言资源高精尖创新中心・北京大学对外汉语教育学院（2020）

＊韓国のガイドラインは趙兌麟氏による「韓国における公共言語と公共言語政策」（論文集C）

に日本語訳がある。朝鮮語の読めない筆者はこの論文を頼りに分析している。

・英語の難易度を数値化する尺度

ＦＲＥやＦＫＧについては、浅井満知子氏による『伝わる短い英語――新しい世界基準Plain English』東洋経済新報社（2020）が詳しい。

・その他本章で参照した文献

ウィリアム・ラボフほか（William Labov & Wendell A. Harris 2013 Addressing social issues through linguistic evidence. In J. Gibbons (ed.) *Language and the Law*. Routledge）

カーネギーメロン報告書（Elliot Schumacher & Maxine Eskenazi 2016 *A Readability Analysis of Campaign Speeches from the 2016 US Presidential Campaign*. Carnegie Mellon University）

木村護郎クリストフ（2021）「「やさしい言語」はだれのため？――ドイツのLeichte Sprache（やさしいことば）から考える」『公開講演会シリーズ「中央ユーラシアと日本の未来」記録』

角知行（2012）『識字神話をよみとく』明石書店

角知行（2020）『移民大国アメリカの言語サービス――多言語と〈やさしい英語〉をめぐる運動と政策』明石書店

西嶋義憲（2006）「ＥＵの言語政策とドイツの言語政策」『地域統合と人的移動――ヨーロッパと

東アジアの歴史・現状・展望』金沢大学重点研究
SDGs関連ウェブサイト（Vlatko Otasevic　2016 *Connecting dots around Sustainable Development Goals.* United Nations Montenegro）

第八章

・本章で参照した文献

阿部治子・加藤佳代・新居みどり編（2023）『図書館員のための「やさしい日本語」』日本図書館協会
天野雅之（2022）「医療におけることばの問題」（論文集C）
新井紀子（2018）『AI vs. 教科書が読めない子どもたち』東洋経済新報社
今井むつみほか（2022）『算数文章題が解けない子どもたち――ことば・思考の力と学力不振』岩波書店
今満仁美（2022）「外国人診療、必要なのは英語だけ？」『日経メディカル』
岩田一成（2022）「教育現場における「やさしい日本語」の可能性　子どもたちにとって難しい科目は何か」村田和代編『越境者との共存にむけて』ひつじ書房
菊池哲佳（2019）「「多文化共生」の実践としての「やさしい日本語」　自治体施策の現場にみる「やさしい日本語」の考察」（論文集B）

武田裕子・岩田一成・新居みどり（2021）『医療現場の外国人対応　英語だけじゃない「やさしい日本語」』南山堂
バトラー後藤裕子（2011）『学習言語とは何か』三省堂
李暁燕編（2023）『学校プリントから考える　外国人保護者とのコミュニケーション』くろしお出版

第九章

・本章の基になった文献
岩田一成（2023）「駅と道路の公共サインを比較する――道路標識にはなぜ平仮名がないのか？」『聖心女子大学論叢』141
本田弘之・岩田一成・倉林秀男（2017）『街の公共サインを点検する』大修館書店
・その他本章で参照した文献
温又柔（2019）『「国語」から旅立って』新曜社
郭基煥（2023）『災害と外国人犯罪流言――関東大震災から東日本大震災まで』松籟社
ピーター・バックハウス（Peter, Backhaus 2007 *Linguistic Landscapes: A comparative study of urban multilingualism in Tokyo.* Multilingual Matters）

文化庁（2001）『日本語に対する在住外国人の意識に関する実態調査』文化庁

第十章

・二重過程理論

我々が判断を誤ってしまうのはどうしてか？　明らかにウソをついている政治家の主張を多くの人が信じてしまうメカニズムなど、我々の心は二重過程を想定することで説明ができるという。

ここでは、二つ紹介しておく。

キース・E・スタノヴィッチ（2008）『心は遺伝子の論理で決まるのか――二重過程モデルでみるヒトの合理性』みすず書房
ジョセフ・ヒース（2022）『啓蒙思想２・０〔新版〕――政治・経済・生活を正気に戻すために』ハヤカワ文庫ＮＦ

ちくまプリマー新書

ちくまプリマー新書

369
高校生からの韓国語入門
稲川右樹
ハングル、発音、文法、単語、豆知識……Twitterでも人気の「ゆうき」先生がイラストをまじえてわかりやすく解説。始めるなら、まずはこの1冊から！

390
バッチリ身につく英語の学び方
倉林秀男
ベストセラー『ヘミングウェイで学ぶ英文法』著者が贈る、語彙・文法・音読・リスニング……ことばの「基礎体力」の鍛え方。英語学習を始める前にまずはこの本！

151
伝わる文章の書き方教室
——書き換えトレーニング10講
飯間浩明
ことばの選び方や表現方法、論理構成をちょっと工夫するだけで、文章は一変する。ゲーム感覚の書き換えトレーニングを通じて、「伝わる」文章のコツを伝授する。

442
世にもあいまいなことばの秘密
川添愛
「この先生きのこるには」「大丈夫です」これらの表現は、読み方次第で意味が違ってこないか。このような曖昧な言葉の特徴を知れば、余計な誤解もなくなるはず。

463
ことばが変われば社会が変わる
中村桃子
ひとの配偶者の呼び方がむずかしいのはなぜ？　ことばと社会のこんがらがった相互関係をのぞきこみ、私たちがもつ「言語観」を明らかにし、変化をうながす。

ちくまプリマー新書474
やさしい日本語《にほんご》ってなんだろう
二〇二四年十一月十日　初版第一刷発行

著者　岩田一成（いわた・かずなり）
装幀　クラフト・エヴィング商會
発行者　増田健史
発行所　株式会社筑摩書房
東京都台東区蔵前二－五－三　〒一一一－八七五五
電話番号　〇三－五六八七－二六〇一（代表）
印刷・製本　株式会社精興社

ISBN978-4-480-68500-1 C0281　Printed in Japan